KB124819

어느 날 내가 중독에 빠진다면

힘든 십 대를 위한 의존증 극복 수업

힘든 십 대를 위한
의존증 극복 수업

어느 날 내가 중독에 빠진다면

마쓰모토 도시히코 지음

김지윤 옮김

우리학교

차례

들어가며 6

제1장 어느 날 내가 의존증에 빠졌다 — 약물에 대한 중독 ①

사례 시험 전에 마신 에너지 음료가 시작이었어요 —에미(중학교 2학년) 12

카페인이 빌려준 활력 18 I 캡슐에 든 수수께끼 성분들 23 I 사람들이 원하는
내가 되고 싶어 29 I 지쳤을 땐 쉬어도 돼 32

마음 톡톡 상담실 '저 아이, 중독인가?' 싶은 생각이 들었다면 38

제2장 마음의 안식을 원했을 뿐인데 — 약물에 대한 중독 ②

사례 1 펜타닐이 마약 떡볶이, 마약 김밥과 뭐가 다르죠? —K(고등학교 1학년) 42
사례 2 처음으로 나를 인정해 준 사람이었어요 —소타(중학교 3학년) 44

사실은 알고 있어 49 I 야식이 당길 때 양치하는 것처럼 52 I 원인으로 눈을
돌리면 55 I 의존증 직행버스 59 I 세 종류의 약물 62

마음 톡톡 상담실 신뢰할 수 있는 어른을 구분하는 방법 68

제3장 사람의 몸과 마음은 왜 아플까? — 의존증의 구조와 역사

뇌가 공중 납치를 당한다고? 72 I 너무 쉬운 도파민은 활력이 아니었음을 77
I 나는 의존증에 빠지기 쉬운 사람일까? 82 I 세계에서 가장 오래된 약물 87
I 함께 이겨 내는 법 90 I 일본의 약물 대책 역사 95 I 규제만으로는 해결할
수 없어 99 I 처벌에서 치료와 지원으로 101 I 슬플 땐 울어도 돼 104

마음 톡톡 상담실 의존증인 친구를 어떻게 대해야 할까? 108

제4장 내가 '나'로 존재하기 위해서 — 행위에 대한 중독 ①

사례 게임을 그만둘 수 없었어요 —가이토(중학교 1학년) 112

게임이 재밌다기보다 현생이 힘들어서 117 I 정신과 의사도 게임에 빠진다
고? 121 I 완벽하지 않아도 괜찮아 126 I SNS를 하는 세 가지 이유 131 I 수
단으로서의 인터넷 135 I 외로우면 기대도 돼 141

마음 톡톡 상담실 가족이 게임에 빠지면 148

제5장 모두 상처를 주고받으며 살아간다 — 행위에 대한 중독 ②

사례 '나'를 용서할 수 없었어요 —메이(중학교 3학년) 152

거식과 과식의 줄다리기 157 Ι 스트레스와 식욕의 관계 160 Ι 몸과 마음에 남은 상처 163 Ι 지금을 살아 내기 위해서 168 Ι 방아쇠는 어디에 있을까? 171 Ι 마음의 뚜껑을 열어 보면 176 Ι 괴롭다고 말해도 돼 180

마음 톡톡 상담실 **친구 몸에서 자해의 흔적을 발견했다면** 186

제6장 기댈 곳이 필요했구나 — 의존증의 뿌리에 있는 것

몸에 안 좋아 190 Ι 사실은 달라지고 싶어 197 Ι 세 가지 유형의 관계 199 Ι 있는 그대로의 모습 204 Ι 낙원 쥐와 식민지 쥐 209 Ι 힘들 땐 의지해도 돼 214

마음 톡톡 상담실 **도망칠 곳을 만드는 방법** 220

제7장 빠지기 전에 빠져나올 수 있다면 — 사회와 의존의 바람직한 관계

신문 기사에서 다루는 의존증 224 Ι 보이는 게 전부가 아니야 228 Ι 개인의 문제에서 사회 문제로 232 Ι 이번 생은 쉽게 망하지 않아 235 Ι 있는 그대로의 자신을 용서해 줘도 돼 238

마음 톡톡 상담실 **마음의 전문가가 되려면** 244

✏️ 너에게 보내는 메시지

의존증일지도 모르는 너에게 247 Ι 친구가 의존증일지도 모르는 너에게 249 Ι 아이가 의존증일지도 모르는 부모님에게 251 Ι 학생이 의존증일지도 모르는 선생님에게 253

나가며 '절대로 안 돼!'가 아닌 진짜 의존증 교육 256

도움받을 수 있는 상담처 목록 259

여러분은 '의존증' 혹은 '중독'이라는 말을 들으면 어떤 모습이 떠오르나요?

자나 깨나 어두침침한 방에 틀어박혀 게임만 하는 사람이 떠오르나요? 그렇지 않습니다. 게임 의존증에 빠지는 사람 가운데는 공부나 운동을 잘하는 사람이 많지요. 그것도 아주 잘하는 사람이 꽤 있습니다.

그렇다면 혹시 말라비틀어진 좀비나 약에 절어 있는 사람이 연상되나요? 그 사람이 주사기를 한 손에 들고 풀린 눈으로 달려들 것 같나요? 그것도 아닙니다. 카페인 중독이든, 마약 중독이든 겉모습이 좀비 같은 사람은 없습니다. 오히려 불법 약물 밀매인은 체격이 좋고 호감 가는 외모를 지닌 경우가 많지요.

누군가는 몸에 자해한 흔적이 몇 군데나 있는 '관심병 환자'를 떠올릴지도 모릅니다. 하지만 자해를 반복하는 사람들은 자신에게 엄격하고 주위 사람들에게 피해를 끼치거나 우는소리를 하지 않습니다.

　그러고 보니 제 소개가 늦었네요.

　저는 의존증을 치료하고 연구하는 정신과 의사입니다. 의존이란 흔히 중독이라 불리는 상태를 몸과 마음 양 측면에서 정확히 바라보려는 의학·심리학 용어입니다. 쉽게 말해 무언가에 '빠지는 것'을 가리키죠. 각성제나 도박이 아니라도 에너지 음료나 게임, SNS에 빠지거나 디저트에 빠질 수도 있습니다. 여러분도 무언가에 빠졌던 경험이 있지 않나요? 그중에는 정도가 지나친 사람이 있습니다.

　제 전문 분야는 약물 의존증이지만, 게임이나 인터넷 의존증 환자를 만나기도 하고, 자해도 연구하고 있습니다.

　정신과 의사가 된 지 어느덧 30년이 되었네요. 그동안 많은 의존증 환자를 만났습니다. 환자의 이야기에 귀를 기울이고, 그 이야기에 함께 공감하며 그들을 회복의 길로 이끌면서 알게 된 사실이 있습니다. 바로 세상 사람들의 머릿속에 각인된 의존증의 이미지가 실제의 모습과는 거리가 멀다는 것을요.

이 책에서는 의존증에 빠진 사람의 사례를 될수록 많이, 그리고 자세히 소개하려고 합니다. 사례의 주인공들은 모두 어디에서나 흔히 볼 수 있는 평범한 중학생입니다. 이 학생들의 이야기를 읽다 보면 충분히 공감하는 부분도 있을 겁니다. 그들이 어째서 한 번 '빠진 것'에서 좀처럼 헤어 나오지 못하게 되었을까 하는 점에 초점을 맞춰 보시기 바랍니다.

저는 어떤 이유로든 의존증과 중독에 관심을 갖게 된 10대 독자를 떠올리며 '여러분'이라고 부르고 있습니다. 자기가 의존증일지도 모른다고 불안해하거나, 친구가 의존증일지도 몰라 걱정하는 사람에게도 이 책이 알려졌으면 하는 것이 저의 바람입니다. '마음 톡톡 상담실'이라는 제목을 붙인 칼럼과 책 뒷부분의 '너에게 보내는 메시지', '도움받을 수 있는 상담처 목록'에 구체적인 조언과 정보를 담았으니 꼭 참고하시기 바랍니다.

자, 이제 그럼 사람은 왜 무언가에 빠지는지, 그 배경에는 무엇이 있는지 함께 생각해 봅시다. 그러고 나면 의존증을 보는 관점이 확 바뀔 겁니다. 또 이전보다 다정하게, 또 날카로운 눈으로 사회를 바라보게 될 겁니다. 이 책이 여러분에게 그런 계기가 되었으면 좋겠습니다.

제1장

어느 날 내가
의존증에 빠졌다

약물에 대한 중독 ①

시험 전에 마신 에너지 음료가 시작이었어요

— 에미(중학교 2학년)

에미는 남을 잘 챙겨 주는 착한 아이입니다. 그림을 잘 그리는데, 한번은 노트에 제 얼굴을 그려서 보여 주기도 했습니다. 실물보다 멋지게 그려 줘서 쑥스러워했던 기억이 납니다. 제가 에미를 만난 것은 에미가 고등학교 1학년 때였습니다. 그러나 이야기는 중학교 2학년 가을부터 시작됩니다.

2학기 중간고사를 앞둔 어느 날 방과 후의 일이었습니다. 에미의 친구가 "이거 마시면 안 졸려."라고 말하며 에미에게 에너지 음료를 권했습니다. 광고에 자주 나오는 음료였지요. 달콤해서 꿀꺽꿀꺽 잘 넘어갔습니다.

그리고 정말로 졸음이 달아나서 공부가 잘됐습니다. '다들 마시는 것 같은데 나도 한번 마셔 볼까?' 처음에는 이렇게 단순하게 생각했지요. 그런데 얼마 지나지 않아 매일 집을 나서기 전에도 에너지 음료를 마시게 되었습니다.

사실 에미에게는 학교 가는 일 자체가 힘들었습니다. 초등학생 때 따돌림을 당했던 기억 때문에요. 중학교에 올라온 뒤로는 따돌림을 당하는 일이 없었지만, 왠지 모르게 움츠러들어 있었습니다. 또다시 아이들의 표적이 되지 않으려고 매일같이 신경을 썼습니다. 에미는 에너지 음료에서 얻는 활력으로 내키지 않는 등교를 어떻게든 해내고 있었습니다.

그러나 에너지 음료의 효과는 오래가지 않았습니다. 한 병으로는 전처럼 활력이 생기지 않았지요. 아침에 먹는 한 병이 두 병이 되고, 아침뿐 아니라 학교 수업 쉬는 시간에도 마시게 되면서 양이 점점 늘어났습니다.

게다가 효과가 떨어지면 참을 수 없는 나른함이 몰려왔습니다. 몸이 무거워서 아무것도 하고 싶은 생각이 들지 않게 되었습니다.

인터넷을 찾아보니 에너지 음료를 마시면 활력이 생기는 것이 카페인 성분 때문이라고 설명하고 있었습니다. '그렇다면 카페인이 더 많이 들어 있는 걸 먹어야겠다.'고 생각한 에미는 약국에서 카페인 알약을 사다가 방에서 몰래 먹어 보았습니다. 에너지 음료보다 효과가 좋은 것 같았습니다. 그러다 SNS에서 '감기약이 효과가 더 좋다.'는 정보를 얻고 이번에는 감기약을 사다가 시험 삼아 먹어 보았습니다. 느낌이 괜찮았습니다.

물론 처음에는 약 포장지에 적힌 복용량대로 먹었습니다. 그것만으로도 충분히 효과가 있었으니까요. 아침에 가벼운 마음으로 학교에 갈 수 있고, 공부에도 집중할 수 있었습니다. 또 말할 순간을 잡기 어려워서 쉽게 끼지 못했던 친구들과의 대화에도 자연스럽게 낄 수 있었습니다. 왠지 모르게 자신감이 차올랐지요. 부모님께 항상 잔소리를 들었던 방 청소도 척척 끝낼 수 있었습니다.

그런데 감기약도 차츰 정량으로는 이전 같은 효과를 느끼지 못해 조금씩 양을 늘렸습니다. 중학교 3학년이 되어 본격적인 수험 공부를 시작하면서 상황은 더 심각해졌습니다. 약효가 떨어질 때마다 나른함이 몰려왔으니까요. 그때는 도저히 공부할 수가 없어 손에서 약을 더욱 놓지 못하게 되었습니다.

에미는 공부를 열심히 한 덕분에 괜찮은 고등학교에 합격했습니다. 그런데 문제는 이때부터였습니다. 수준 높은 고등학교여서 수업을 따라가기조차 버거워진 것입니다. 등수는 아무리 노력해도 하위권을 맴돌았습니다. 공부를 더 해야겠다는 생각에 감기약을 많이 먹었습니다.

처음에는 하루에 3~5알이었는데, 어느새 최대 용량인 12알을 먹고 있었고, 얼마 지나지 않아 20~30알로 늘어나 있었습니다. 더구나 하루에 한 번 먹던 것이 두 번이 되고, 세 번이 되더니 그 이상을 복용하게 되었습니다. 어느 날 정신을 차려 보니 하루에 한 병 분량인 80알을 통째로 먹고 있는 자신을 발견하게 되었습니다.

많은 양을 복용하는 탓에 감기약을 사는 것도 어려웠습니다. 에미가 먹는 약은 한 사람당 하루에 한 병밖에 살 수 없기 때문입니다. 가까운 약국에 매일같이 사러 가면 약사가 이것저것 물어보며 의심할 것 같았지요. 그래서 전철을 타고 큰 동네까지 가서 약국 몇 군데를 돌아다니며 사기로 했습니다. 그런데 약을 살 돈도 문제였어요. 하루에 한 병을 먹으면 용돈으로는 모자랐기 때문이에요. 결국 에미는 부모님의 지갑에 손을 대고 말았습니다.

그러던 어느 날, 에미는 평소처럼 몰래 돈을 꺼내다가 부모님에게 들키고 말았습니다. 지갑에서 돈이 조금씩 없어지는 것을 눈치챈 부모님이 에미를 의심하고 있었던 것입니다. 왜 이런 짓을 했냐고 엄하게 물었지만 아무 말도 하지 않는 딸에게 화가 난 부모님은 에미의 방을 강제로 열고 들어갔습니다. 그리고 그곳에서 셀 수 없이 많은 빈 약병을 발견했습니다.

여러분은 에미의 이야기를 듣고 어떤 감정을 느꼈나요? 나와는 다른, 이상한 아이라고 생각했나요? 아니면 '그 기분, 나도 알아.' 하며 공감한 부분이 있었나요?

에미는 약물 의존증이라는 병에 걸린 것입니다. 약물이란 우리 뇌에 작용하여 사고와 감정, 행동에 영향을 주는 화학 물질입니다. 그리고 약물 의존증이란 '특정 약물을 끊고 싶지만 끊지 못하고, 자신의 의지로는 더 이상 통제할 수 없는 상태'가 되는 병을 말합니다.

약물 의존증 하면 많은 사람이 뉴스에서 들어 본 적이 있는 각성제나 환각제 같은, 법률로 금지된 약물에 빠진 이들을 떠올립니다. 그러나 일본의 경우 약물 의존증에 빠지는 10대 아이들은 대부분 불법 약물이 아니라 '일반 의약품'을 사용하고 있습니다. 일반 의약품이란 의사가 환자를 위해 처방하는 '전문 의약품'이 아닌, 일반인이 약국이나 편의점 등에서 쉽게 구입할 수 있는 약을 말합니다.

에미의 경우는 저를 찾아오는 젊은 환자 중 흔한 사례에 속합니다. 에미는 좀 더 열심히 공부하기 위해 에너지 음료와 일반 의약품을 먹었지요.

그런데 그 목적이 어느 순간부터 바뀌고 말았습니다. 지금보다 좀 더 열심히 공부하기 위해서가 아니라 나른해서 몸이 움직이지 않는 것을 어떻게든 해결하려고 먹은 것입니다. 원래의 상태로 되돌아가기 위해서 사용한 것이지요. 약효가 떨어져 나른해지면 약을 추가로 먹어야만 간신히 원래 상태로 돌아오니까요. 이래서는 약을 먹는 의미가 전혀 없지요. 그런데도 멈출 수가 없습니다.

평범한 상태를 유지하려면 약이 꼭 필요하다는 것은 약에 빠지기 시작했다는 위험 신호입니다. 그러나 이 단계는 의존증이라고 말할 만한 단계가 아직 아닙니다.

치료가 필요한 시점은 여기서 한 단계 더 나아가 '그 사람답지 않은 행동'을 하기 시작했을 때입니다. 감기약을 먹는 양이 늘어난 에미는 계속해서 약을 먹기 위해 부모님의 돈을 훔쳤습니다. 이전에는 그런 짓을 하는 아이가 아니었는데요. 에미는 분명 부모님을 속상하게 하고 싶지 않았을 겁니다. 그래서 에너지 음료를 마시면서 학교에 가고, 약을 먹으면서까지 시험공부를 했겠지요. 그동안의 행동에서 어떤 일이든 간에 꾸준히 노력하는 에미의 집념이 엿보입니다. 하지만 결과적으로 부모님의 기대를 벗어나는 행동이었습니다. 본래 바라던 것과는 정반대의 방향으로 흘러갔으니까요.

이쯤에서 한 가지 의문이 생깁니다. 많은 사람이 에너지 음료를 마십니다. 감기약이나 두통약 같은 일반 의약품도 안 먹어 본 사람보다는 먹어 본 사람이 더 많을 겁니다. 대부분은 아무 문제 없이 지내는데 왜 그렇지 않은 사람이 있는 걸까요? 에미는 어째서 감기약을 끊지 못했을까요? 진짜 문제는 어디에 있었을까요? 좀 더 깊이 파고 들어가 보지요.

카페인이 빌려준 활력

에너지 음료가 의존증을 일으키는 원인이 되었다고 하면

여러분은 의외라며 깜짝 놀랄지도 모릅니다. 거리와 텔레비전에서 끊임없이 광고하는 데다, 시험공부와 동아리 활동에 매달리는 아이들을 위해 부지런히 에너지 음료를 챙겨 주는 어른도 있으니까요. 에미도 처음에는 친구의 추천으로 시험 삼아 마셔 본 거잖아요.

물론 일반 의약품에 대한 의존이 반드시 에너지 음료로부터 시작되는 건 아닙니다. 하지만 에너지 음료가 10대들이 가장 쉽게 구할 수 있는 카페인 함유물이라는 것만큼은 분명하게 말할 수 있습니다.

카페인은 뇌의 중추 신경계®에 작용하여 뇌를 활성화하는 약물입니다. 그래서 카페인을 섭취하면 졸음이 달아나거나 아주 잠깐 피로가 풀리기도 하지요. 하지만 우리 몸은 그 효과에 금세 적응합니다.

같은 양의 카페인을 지속해서 복용하면 어느 순간 효과가 줄어든 것 같은 느낌이 드는데, 이렇게 되면 이전보다 더 많은 양을 사용하게 됩니다. 그런데 카페인을 계속해서 다량으로 섭취하면 중추 신경계의 균형이 깨지고, 효과가 떨어졌을 때

●　　신경계의 중심부로 신체 각 부분의 기능을 지배한다.

무력감이 찾아옵니다. 나른하고 몸이 마음대로 움직이지 않을 뿐 아니라 무엇을 할 의욕도 생기지 않습니다. 마치 수명을 다한 건전지처럼 되는 것이지요. 이런 상태를 '이탈'이라고 부릅니다.

10대의 중추 신경계는 특히 카페인에 민감하다고 합니다. 그 때문에 해외 여러 나라에서는 15세 미만은 에너지 음료를 섭취하지 못 하도록 하는 법을 만들었습니다. 카페인이 들어간 음료 가운데 대표적인 것이 커피이지요. 온 국민이 커피를 사랑하는 나라로 알려진 이탈리아조차도 15세 미만의 아이들에게는 에스프레소●를 마시지 못하게 하는 것이 암묵적인 규칙이라고 합니다.

그에 반해 일본이나 한국은 편의점이나 카페, 자판기에서 쉽게 다양한 종류의 커피와 에너지 음료를 접할 수 있고, 연령 제한이 없어 누구나 원하는 만큼 살 수 있습니다. 이 상황을 어떻게 보면 좋을까요?

그렇다고 에너지 음료와 커피를 마시지 말라고 강요할 생각은 없습니다. 10대 때는 되도록 마시지 않는 게 좋지만, 시

●　　이탈리아식 진한 커피.

험 전에 마신 에너지 음료 덕분에 집중이 잘되거나 휴식 시간에 마신 커피 한 잔 덕분에 빠릿빠릿하게 움직일 수 있다면 그것은 '건전한 의존'입니다. 하지만 자기도 모르는 사이에 슬그머니 양이 늘었다면 멈추는 것이 좋습니다. 저 역시 그렇게 멈춘 사람 가운데 하나입니다.

카페인처럼 뇌를 활성화시키는 것을 '각성제' 약물이라고 부릅니다. 저는 각성제를 좋아해서 학창 시절에는 시험 기간이 다가오면 커피를 엄청 마셨습니다. 심지어 카페인 알약에 손을 댄 적도 있습니다. 다행히 양이 늘어나기 전에 그만두었지만 말입니다.

의사가 된 뒤에도 저녁 늦게까지 진료를 보고 조금 더 일하고 싶을 때 에너지 음료에 의지하던 적이 있었습니다. 에너지 음료에 기대다 보면 마시는 양을 점점 늘리게 됩니다. '결정적인 순간'에만 마시기로 정해 놓아도 어느새 결정적인 순간이 걷잡을 수 없이 늘어나더군요.

그리고 효과가 떨어졌을 때 느끼는 무력감은 더욱 커졌습니다. 결정적인 순간을 넘기고 난 뒤에 찾아오는 피로감이 모두 사라지기까지는 시간이 점점 오래 걸렸습니다. 하룻밤 자고 일어나도 에너지 음료를 마신 다음 날 아침이면 몸이 물먹은 솜처럼 무거웠지요. 그럴 땐 정말 난감했습니다. '혹시 에 너지 음료 때문인가?' 싶은 생각이 들어 그것을 끊었더니 몸 이 원래대로 돌아왔습니다.

카페인이 주는 활력은 어디선가 마법처럼 뚝 떨어지는 것 이 아닙니다. 어디까지나 '빚'인 셈이지요. 게다가 이자*가 붙 는 빚입니다. 빌리면 빌릴수록 이자는 점점 불어나 효과가 다 하면 2배, 3배의 허탈감이 찾아옵니다. 정신을 차렸을 때는 이 자에 쫓겨, 활력을 얻는다기보다는 움직이지 않는 몸을 원상 태로 되돌리기에 급급하지요.

쉽게 그만둘 수 있느냐 하면 그렇지도 않습니다. 갑자기 그 만두면 커다란 허탈감이 몰려와 힘을 쓸 수조차 없으니까요. 사람에 따라서는 심한 두통에 시달리는 바람에 오로지 두통 을 피할 목적으로 마시는 사람도 있습니다. 이쯤 되면 목적과 수단이 뒤바뀐 것이지요.

또 하나 여러분에게 전하고 싶은 것이 있습니다. 카페인을 지나치게 섭취하면 목숨을 잃을 수도 있다는 사실입니다. 응 급실에서 일하는 한 의사로부터 "최근 몇 년 사이에 카페인

●   돈을 빌린 사람이 빌린 금액에 추가해서 갚는 돈.

급성 중독으로 긴급 호송되는 사람이 늘고 있다."라는 말을 들었습니다. 하루 카페인 섭취량이 1000~5000밀리그램(에너지 음료 한 병당 40~150밀리그램, 캔 커피 한 개당 100~150밀리그램)이 되면 위험합니다. '조금 더 해야지, 여기서 더 힘을 내야지.' 하며 카페인을 계속 섭취하다가는 어느 날 갑자기 여러분의 심장이 멈출지도 모릅니다.

캡슐에 든 수수께끼 성분들

에미는 에너지 음료를 시작으로 카페인 알약을 먹다가 나중에는 약국에서 판매하는 감기약을 복용했습니다. 이 감기약이 의존증을 더 키운 것 같습니다. 우습게도 병을 치료하는 약이 의존증이라는 다른 병을 불러오고 만 것이지요.

일반 의약품에는 다양한 성분이 섞여 있습니다. 에미가 사용한 감기약에도 카페인 말고 몇 가지 성분이 더 들어 있지요. 하나같이 읽다가 혀를 씹을 것 같은 까다로운 이름인데, 주요 성분을 살펴볼까요?

우선 염산메틸에페드린입니다. 이 성분은 농도가 옅을 때는 문제가 없지만, 농도가 짙어지면 각성제의 원료가 되기 때문에 법으로 금지된 약물인데요, 과용하면 이명이 들리거나, 부정적으로 생각하는 경향이 강해지기도 합니다. 친구가 누군가와 이야기하는 모습만 보아도 자기 욕을 한다고 확신하는 등 과민해지는 것이지요.

그리고 인산코데인도 포함되어 있는데요, 흔히 '코데인'이라고 부르는 이 성분은 기침을 멈추게 하는 효과가 있어요. 하지만 인산코데인은 헤로인이나 모르핀과 비슷한 마약의 일종입니다. 게다가 클로르페니라민말레인산염이라는 항히스타민제도 들어 있습니다.

이런 성분들은 아주 적은 양만 들어 있기 때문에 복용량을 지키면 문제가 생길 염려는 없습니다. 그러나 다량으로 복용하면 예상치 못한 일이 벌어집니다. 다음 장에서 자세히 설명하겠지만, 약물에는 카페인 같은 각성제 외에도 뇌의 활동을 억제하는 '진정제'가 있습니다. 일반 의약품에는 각성제와 진정제 양쪽이 적당히 섞여 있어서 그 상호 작용 때문에 사용자는 일반 의약품을 반복해서 복용하고 싶은 마음이 들게 되기도 합니다.

▲　졸음, 피로감, 기억력 감퇴, 집중 장애 등의 중추 신경계 부작용이 나타날 수 있다.

흔히들 '카페인뿐이라면 그나마 원래대로 되돌리기 쉬운 상태'라고 말합니다. 앞에서 카페인에 적응해 양을 늘렸다가 갑자기 끊으면 허탈감이나 무력감 등의 증상이 나타난다고 했지요. 이 같은 상태를 '신체 의존'이라고 부릅니다.

의존에는 '심리 의존'이라는 것도 있습니다. 머릿속이 약물에 대한 생각으로 가득 차서 소중한 사람에게 거짓말을 해서라도, 혹은 훔쳐서라도 '어떻게든 그걸 손에 넣고 싶다.'는 욕망에 사로잡힌 상태를 뜻합니다.

이 정신 의존이야말로 의존증이라는 병의 본질입니다. 카페인만으로 정신 의존에까지 이르는 경우는 거의 없지만, 약품은 그렇지 않습니다.

지금 약물 의존의 치료 현장에서는 일반 의약품에 의존하는 사람이 늘어나는 것이 큰 문제가 되고 있습니다. 그중에서도 젊은 층이 눈에 띄게 증가하고 있지요.

일본의 경우 2020년 조사에 따르면, 10대 의존증 환자의 약 60퍼센트가 일반 의약품을 사용하고 있다고 보고될 정도로 일반 의약품 의존 문제가 심각합니다.

한국의 경우 변비약을 다이어트 목적으로 복용하는 등 '일반 의약품을 원래의 목적과 다르게 복용해도 된다.'고 생각하는 10대들이 늘고 있는 추세입니다.

누구나 쉽게 살 수 있는 일반 의약품은 전문 의약품보다 독하지 않을 것으로 생각하기 쉬운데, 사실 그렇지 않습니다. 저와 같은 의사조차 '현대 의학의 관점에서 말도 안 된다.'고 생각하는 성분이 사용되기도 합니다.

기침약 성분으로 사용되는 인산코데인도 그중 하나입니다. 특히 소아가 사용하는 경우 호흡 억제 등의 부작용 위험이 있어 요즘 소아과 의사는 어린아이에게 코데인을 처방하지 않습니다.

많은 일반 의약품에 들어 있는 알릴이소프로필아세틸우레아도 80년 전에 유명 의학 잡지에서 혈소판 감소성 자반병이라는 병을 일으킬 가능성이 있다고 알려진 뒤로는 의료 현장에서 사용하지 않는 성분입니다.

또 통증을 완화하고 해열 작용을 하는 아세트아미노펜도 다량으로 섭취하면 위험합니다. 신장이나 간장에 심각한 영향을 미치기 때문입니다.

최근에는 이처럼 부작용이 우려되는 성분을 약에 사용하지 못하도록 제한하거나 비슷한 성분이 들어 있는 약을 어린이들에게 처방하는 것을 금지하기도 합니다. 그렇지만 의사의

처방 없이 약국에서 약을 살 때는 여전히 세심한 주의를 기울여야 합니다. 왜냐하면 앞서 살펴본 것과 같이 일반 의약품은 여러 성분을 조금씩 섞은 '수수께끼 약'과 비슷하기 때문입니다.

이런 이유로 약을 처방하거나 복용할 때는 가능하면 단일 성분 제제®를 쓸 것을 권합니다. 그런데 많은 일반 의약품이 복합 성분 제제®®입니다. 제약 회사에서는 원래 있던 일반 의약품에 성분을 더해서 완전히 새로운 제품인 양 발매하고 '새 성분 ○○ 추가!'라고 광고합니다. 제약 회사들의 상술이지요. 그러므로 약국에서 약을 구입할 때는 약사에게 약의 성분을 꼼꼼히 물어보는 것이 좋습니다.

에미는 감기약을 원래의 용도가 아닌 다른 목적으로 사용했습니다. 이처럼 본래의 목적이나 기능에서 벗어난 곳에 잘못 사용하는 것을 '오용'이라고 부릅니다.

하지만 저는 '약물을 오용한 에미가 나쁘다.'고 말하고 싶지는 않습니다. 그보다는 일반 의약품을 사용하는 이들 가운데

●　　하나의 약효 성분만으로 만들어진 약.
●●　여러 가지 약효 성분을 섞어서 만든 약.

일부 사람들이 의존증에 빠지는 이유가 무엇인지를 생각해 보는 편이 낫지 않을까 싶습니다.

사람들이 원하는 내가 되고 싶어

에미가 학교생활에 숨이 막혔을 거라는 사실은 누구나 알 수 있겠지요. 아이들에게 또다시 괴롭힘을 당하지 않으려고 늘 신경을 써야 했으니까요.

자신감 없는 모습을 들키지 않으려면 잘하는 것처럼 보이기라도 해야 합니다. 아주 뛰어나지는 않아도 부모님이 한숨 쉴 만한 성적을 받아서는 안 되지요. 고교 수험에서는 나름대로 괜찮은 학교에 합격하지 않으면 안 됩니다. '~하지 않으면 안 된다.'가 너무 많았던 에미는 항상 심리적으로 압박을 받고 있었습니다.

에미가 계속 약을 먹은 것은 '이상적인 자신'의 모습에 조금이라도 가까워지기 위해서가 아니었을까요? 어쩌면 그 모습은 에미가 되고 싶었던 자신이 아니라 주위 사람들이 원하는 에미였을지도 모릅니다.

사람들이 기대하는 이상과는 거리가 먼 진짜 자신. 어떻게든 해내야 한다는 생각에 초조하지만 조금도 변하지 않는 자신. 마음대로 되지 않는 이 현실에서 벗어나기 위해 에미는 결국 약에 의지하고 말았겠지요.

약품에 의존하는 사람 가운데는 원래 우울증®을 앓고 있어서 '죽고 싶다.'거나 '사라지고 싶다.'는 생각을 하는 사람도 있습니다. 에미에게도 그런 징후가 있었지요. 여러분 중에는 고민이 있으면 누군가와 상담하면 되지 않느냐고 말하는 사람도 있을 겁니다.

그런데 에미는 고민을 털어놓을 사람이 없었던 건 아닐까요? 약품에 의존하는 10대 대부분은 친구는 물론이고 부모님에게조차 알리지 않고, 자신의 괴로움을 혼자 해결하고 싶어합니다. 에미도 부모님의 기대를 알고 있는 만큼, 부모님을 실망시키고 싶지 않았을 겁니다.

다른 사례를 하나 더 소개해 보겠습니다. 이야기의 주인공은 중학교 3학년 유이카입니다. 유이카의 아버지는 알코올 의존 문제를 겪고 있어서 부모님은 항상 다투었지요.

얼마 전부터 불쾌한 두통에 시달리던 유이카는 약국에서

●   기분이 몹시 가라앉아 우울해지는 정신 상태.

산 두통약을 먹기 시작했습니다. 처음에는 정해진 양을 지켰지만, 별 효과가 없어지자 양을 점점 늘렸습니다. 약을 먹어도 금세 약효가 떨어지고, 이유 없이 기분이 가라앉았습니다. 그러면 아무것도 손에 잡히지 않았지요. 정신을 차렸을 때는 두통을 없애기 위해서가 아니라 기분이 나아지기 위해서 약을 먹고 있었습니다.

유이카 역시 부모님에게 고민을 털어놓을 수 없었습니다. 부모님이야말로 두통을 일으키게 만든 원인이었으니 당연했겠지요. 그런 부모님을 둔 것이 부끄럽기도 했을 겁니다. 유이카는 친구에게도 말하지 못하고 그저 계속해서 두통약만 먹었습니다.

두통은 신체적 고통이지만 정신적 스트레스와도 관련이 있습니다. 스트레스 수준에 따라 통증을 느끼는 정도도 달라집니다. 그래서 몸과 마음의 아픔은 구별하기 어렵지요. 유이카가 아픈 몸을 치료하려고 먹었던 두통약은 언젠가부터 아픈 마음을 삭이려고 먹는 것이 되었습니다.

에미와 유이카 모두 부모님이나 친구에게 고민을 털어놓지 못한 채 혼자서 괴로워했습니다. 약물 의존이라는 말을 들으면 흔히 '자기 기분 좋아지려고 하는 거 아니야?'라고 생각하기 쉽지만, 두 사람은 다르지 않나요? 곤란한 일 때문에 마음속 아픔을 끌어안고 누구에게도 말하지 못했으니까요. 비록 그 효과가 잠깐이라도, 아픔에서 벗어나고 싶다는 생각에 기댄 것이 어쩌다 보니 약이었을 뿐이지요.

여기에서 앞서 들었던 의문, 즉 '똑같이 에너지 음료나 카페인 알약, 일반 의약품을 먹는데 의존증에 빠지는 사람과 빠지지 않는 사람이 있는 이유는 뭘까?'에 대한 해답이 보이기 시작합니다. 의존증에 빠지는 사람은 쾌락을 원하는 것도 아니고, 가족이나 친구와의 관계를 끊고 싶어 하는 것도 아닙니다. 약의 힘을 빌려서라도 어떻게든 해결하고 싶은 곤란한 상황에 처해 있는 데다가 고립된 것이지요.

지쳤을 땐 쉬어도 돼

여러분은 그 후 에미가 어떻게 되었는지 궁금하지 않나요?

딸이 감기약을 다량으로 먹고 있다는 사실을 알게 된 에미의 부모님은 급히 가족회의를 열고, 이제 약은 그만 먹으라며 에미를 다그쳤습니다. 에미는 순순히 그 말을 따랐습니다. 그런데 갑자기 약을 끊자 몸에 부작용이 나타났습니다.

먼저 심한 설사를 시작했습니다. 에미가 먹던 감기약에는 장운동을 멈추는 성분이 있어서 계속 변비를 앓았습니다. 약을 먹기 전부터 그랬기 때문에 크게 신경 쓰지 않았는데, 약을 끊었더니 반대로 설사가 멈추지 않았습니다.

하지만 설사보다는 뜻대로 움직이지 않는 몸이 더 괴로웠습니다. 항상 기운이 없고, 왠지 나른하고, 몸이 납덩이처럼 무거웠습니다. 아침에 침대에서 좀처럼 몸을 일으킬 수가 없을 정도였지요. 부모님은 그런 에미에게 "빨리 학교 안 갈래?" 라고 소리쳤습니다.

게다가 식욕을 조절할 수 없게 되었습니다. 에미가 먹던 감기약에 식욕을 억제하는 성분이 들어 있어서 그동안 식욕이 없었는데, 약을 끊자 밥도 과자도 참을 수가 없었습니다. 나른해서 몸을 움직이는 것조차 힘든데 계속해서 먹어 대니 체중은 점점 불어났습니다. 원래는 날씬했던 에미의 체형은 점차 변해 갔습니다.

에미는 어떻게 했을까요? 부모님 몰래 다시 감기약을 먹기 시작했습니다. 그러나 이제는 부모님도 에미의 상태를 주의 깊게 살펴보던 터라 금세 알아차렸습니다. 에미는 이렇게 약을 끊었다 다시 먹기를 몇 번이나 반복하다가 우리 병원을 찾아왔습니다.

에미는 부모님의 손에 이끌려 진료실로 들어왔습니다. 지금까지의 과정을 들은 저는 의자에서 몸을 움츠리고 있는 에미에게 "많이 힘들었겠구나. 조금씩이라도 좋으니까 감기약을 줄여 보지 않을래?"라고 말을 건넸습니다.

에미는 제가 그렇게 말을 건넨 순간 얼굴을 번쩍 들었습니다. 양을 줄이자는 제안은 '조금은 먹어도 된다.'는 뜻이었기 때문에 놀랐을 겁니다. 이어서 저는 부모님에게 "매달 주는 용돈을 당분간 줄여 보면 어떨까요?"라고 권했습니다. 자유롭게 쓸 수 있는 돈을 제한해서 살 수 있는 약의 양을 줄이도록 한 것입니다.

그리고 에미에게 "그 약을 먹으면 힘이 나지? 하지만 그건 '빚'이야. 나중에는 반드시 부메랑처럼 부작용이 돌아온단다"라고 설명했습니다. 에미는 알아들었다는 듯 고개를 끄덕였습니다. 카페인을 섭취하면 곧이어 약까지 먹고 싶은 경우도 있기 때문에 커피나 홍차는 될 수 있는 한 마시지 말라는 당부의 말도 덧붙였지요. 에미는 또 고개를 끄덕였습니다. 고개를 푹 숙이고 있었지만 제가 하는 말을 잘 듣고 있는 것 같았어요. 그리고 저는 에미가 이전부터 앓고 있던 우울증 약도 처방해 주었습니다.

감기약을 줄이는 것과 함께 회복하기 쉬운 환경을 만들어 주는 것도 중요해서 저는 에미가 잠시 휴학을 하는 게 좋겠다고 조언했습니다. 공부나 사람과의 만남에 많은 힘을 쓰지 않아도 되는 환경을 제공해 주기 위해서였지요.

에미는 부모님이 자기에게 거는 큰 기대에 부담을 느끼고 있었기 때문에 저는 에미의 부모님과도 이야기를 나눴습니다. 초조해하지 말고 에미가 자기 속도대로 나아가는 것을 지켜보자고요.

병원에 가면 무 자르듯이 당장 약을 끊을 거라고 기대하는 사람이 있을 겁니다. 하지만 마음의 아픔을 누그러뜨리기 위해 사용하던 일반 의약품의 경우에는 시간을 들여 치료해야 할 때도 있습니다. 조금씩 양을 줄이면서 약에 의존하지 않아도 되는 상태로 만들어 가는 것입니다. 에미도 약의 양을 서서히 줄이면서 2~3년 통원하고 나서야 회복되었습니다.

약품에 의존한 10대의 치료는 대개 이런 식으로 회복을 향해 나아갑니다. 참고로 누구에게도 들키지 않고 약품을 계속 복용하면 어떻게 될까요? 언젠가는 '약을 먹어도 괴롭고, 먹지 않아도 괴로운' 악순환에 빠지게 되고, 상태가 악화할수록 점점 힘들어집니다. 기분이 심하게 가라앉아서 결국 우울증으로 병원을 찾는 경우가 대부분입니다.

따라서 문제가 생겼을 때는 가능한 한 빨리 누군가와 상담하는 게 좋습니다. 여러분 주위에 문제를 겪고 있는 사람이 있으면 "괜찮아?" 하고 말을 걸어 주세요.

약은 때로 우리의 능률을 높여 주는 고마운 존재입니다. 그 효과가 자신이 바라는 대로 딱 맞아떨어질 때의 쾌감이 어떤 것인지는 저도 잘 압니다.

하지만 약은 반복해서 사용하다 보면 효과가 떨어집니다. 처음에 체험했던 것과 같은 효과를 얻기 위해 점점 양을 늘리게 되지요. 그리고 효과가 다 떨어지면 불쾌한 반동이 찾아옵니다. 몸이 나른해서 먹었는데 먹기 전보다 더 나른해지는 것입니다. 그러면 또 먹습니다. 이것이야말로 약에 휘둘리고 있는 상태입니다.

여러분은 아마 이렇게 질문할 겁니다.

"그럼 나른할 때 어떻게 하라는 말이에요?"

제 대답은 "쉬세요."입니다. 피곤할 때, 마음이 내키지 않을 때는 약에 기대지 말고 이불 속으로 들어가 자야 합니다. 푹 자고 다음 날 아침 일찍 일어나면 됩니다. 물론 아침 일찍 못

일어나기도 하겠지만 그건 그것대로 어쩔 수 없는 일이라고 자신을 용서합시다.

인간은 궁지에 몰렸을 때 '여기서 긴장을 늦추면 두 번 다시 회복하지 못하는 거 아닐까?', '멈추는 순간, 뒤처지는 거 아닐까?' 하며 불안해하기 마련입니다. 우리 인간은 헤엄치기를 멈추면 죽는 상어가 아닙니다. 그런 일은 일어나지 않습니다. 푹 쉬면 또 움직일 수 있고, 되돌릴 수 있습니다. 어쩌면 누군가의 머릿속에는 '젊었을 때 게으름을 피우면 남은 인생이 비참해진다.' 같은 협박이 새겨져 있을지도 모릅니다. 그런데 그 말이 정말 맞는 것일까요?

'저 아이, 중독인가?' 싶은
생각이 들었다면

Q **친구가 좀 이상합니다.**

최근에 친구가 한껏 들떠 있고, 말도 많으며, 야한 농담을 하기도 합니다. 웃는 얼굴로 다른 사람 이야기를 듣고만 있는 성격이었는데 말이지요. 가끔 힘들어 보이기도 하고, 자주 정체 모를 약을 먹는 것도 같습니다. 절친한 친구는 아니지만, 종종 어울리는 아이들 중 한 명이어서 걱정입니다.

모차렐라 학원 중등부 2학년 네즈카

A **평소처럼 말을 걸어 주세요.**

네즈카 학생은 정말 자상하네요. 평소에 주위를 두루 살피기 때문에 친구의 변화를 눈치챌 수 있었겠지요. 어떻게 하면 좋을까요? 우선은 평소처럼 말을 거는 게 좋을 것 같습니다.
"요즘에 힘든 일은 없어?" 하고요.
네즈카 학생의 친구가 의존증인지 아닌지는 모르겠지만, 의존증에 빠지는 사람들 대부분은 '도움받고 싶은 마음'을 전달하는 데 많이 서툽니다. 도움받고 싶어 하지 않는 것이 아니라 '걱정을 끼치고 싶지 않다.', '사실을 말했다가 날 멀리하면 어쩌지?' 하는 생각에서 그러는 겁니다. 그러니까 네즈카 학생이 먼저 말을 거는 게 좋을 것 같습니다. 갑자기 큰 소리로 말하면 놀랄지도 모르니까 슬쩍 말을 걸어 보세요. 처음에는 친구가 냉정하게 대답할지도 모르지만, 그건 진심이 아닐 거예요. 그 후에도 계속 신경을 써 준다면 친구는 내심 든든해할 겁니다.

그래도 친구가 곤란해하면 네즈카 학생이 신뢰할 수 있는 어른과 연결해 줬으면 합니다. 안타깝지만 중학생이 해결하기 어려운 문제도 있으니까요. 한 번쯤은 어른의 의견을 들어 보는 것도 도움이 될 겁니다. 제가 추천하는 어른은 보건실 선생님이나 상담실 선생님입니다. 분명 힘이 되어 줄 겁니다. 친구가 혼자 가기 힘들어하면 함께 가 주는 것도 좋겠지요.

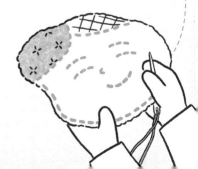

제2장

마음의 안식을
원했을 뿐인데

약물에 대한 중독 ②

사례 1

펜타닐이 마약 떡볶이, 마약 김밥과 뭐가 다르죠?

－K(고등학교 1학년)

부산에 사는 K는 몸에 붙이면 기분이 좋아진다는 말에 열아홉 살인 선배 A에게서 펜타닐 패치를 한 장 받았습니다. 펜타닐은 모르핀보다 효과가 약 100배 강한 마약류 진통제로, 약효가 매우 강력해서 주로 암 환자나 디스크 환자에게 처방합니다. A는 펜타닐을 다른 사람 이름으로 불법 처방을 받아 또래 청소년들에게 판매한 혐의로 구속되었습니다.

'사례 1'은 한국에서 일어났었던 10대 마약 처방 및 판매 사건을 재구성한 것입니다. 한국에서는 최근 10대 마약 사범이 10년 전에 비해 11배 증가했다는 소식이 화제입니다. 그 수는 450명으로 많지 않으나, 일부 전문가들은 드러난 사건이 적을 뿐 실제 발생 건수가 1만 건이 넘을 것으로 추산합니다. 단순한 호기심에, 스트레스가 풀린다는 말에, 다이어트 효과가 있다는 말에 쉽게 넘어가는 것입니다.

　한국에서 흔히 마약으로 불리는 것들은 대부분 '마약류'에 해당하며, 법으로 금지해 강력히 처벌하고 있습니다. 마약류는 크게 세 종류로 나뉩니다. 첫 번째는 '마약'으로 천연 마약과 합성 마약으로 한 번 더 구분하기도 하며, 양귀비·아편·코카엽·헤로인·펜타닐 같은 것이 여기에 해당합니다. 두 번째로 '향정신성 의약품'이 있는데, 여기에는 의료용으로 쓰이는 약물도 포함됩니다. 암페타민·LSD·프로포폴·필로폰 등이 향정신성 의약품으로 분류되지요. 마지막으로 '대마류'에는 마리화나와 해시시 등이 있습니다.

　또한 마약류에 포함되지 않아 흔히 볼 수 있는 것들 가운데 본드, 부탄가스, 이산화 질소의 경우에는 환각 물질로 지정해 흡입을 금지하고 이를 위반한 사람을 처벌하고 있습니다.

처음으로 나를 인정해 준 사람이었어요

— 소타(중학교 3학년)

소타는 어떤 일을 자기 나름의 시선으로 받아들일 줄 아는 아이입니다. 소타와는 소년원이 진행한 불법 약물 재남용 방지 프로그램에서 만났습니다. 프로그램을 통해 자신을 돌아보고, 생각에 깊이를 더해 가는 모습이 인상적이었습니다. 소타가 소년원에 들어간 것은 열일곱 살 때였습니다. 하지만 그 시작은 중학교 시절로 거슬러 올라갑니다.

한편, '사례 2'에서 중학교 3학년인 소타는 2학년 때부터 밤마다 거리로 나가 돌아다녔습니다. 학교 수업이 끝나면 집으로 돌아갔다가 해 질 무렵 다시 집을 나섰지요. 처음에는 혼자서 주변 유흥가를 어슬렁거렸는데 언젠가부터 자기와 처지가 비슷한 사람들과 어울리게 되었습니다. 부모님은 자신에게 관심을 보이지 않고, 집에 있어도 딱히 좋을 게 없었습니다. 그러나 밤거리에는 마음이 통하는 친구들이 있었습니다.

밤늦은 시간까지 돌아다니다 보니 아침에 일어나기가 힘들어 1교시를 빼먹기 일쑤였습니다. 결국에는 학교에 가지 않는 날이 늘었지요.

밤거리를 돌아다닌다고 해도 돈이 없기 때문에 여기저기 어슬렁거리거나 길바닥에 앉아 새벽까지 수다를 떨 뿐이었지요. 그래도 소타에게는 집이나 학교보다 밤거리가 훨씬 편안하게 느껴졌습니다.

그러던 어느 날, 소타에게 선배가 생겼습니다. 소타가 집이나 학교에서 짜증 났던 이야기를 하면 선배는 맞장구를 치며 몇 시간이고 들어주었습니다. 그렇게 해 준 어른은 처음이었습니다. 지금까지 만난 사람 중에서 가장 다정하고 신뢰할 수 있는 사람으로 여겨졌습니다.

선배는 소타에게 이것저것 가르쳐 주었습니다. 담배도 그중 하나입니다. 소타는 솔직히 처음에 담배 맛이 좋다는 생각을 안 했습니다. 선배를 따라 피우는 모습도 어설프기만 했지요. 그런데 점차 담배를 피우는 모습이 그럴듯해졌습니다. 선배가 "소타, 너 좀 멋있는데?"라고 말해 주었을 때는 떨 듯이 기뻤습니다.

어느 날, 선배가 주머니에서 무언가를 꺼내 소타에게 건네

주었습니다. 대마인 것 같았습니다. 대마가 불법 약물이라는
사실은 알고 있었지만 소타는 주저하는 모습을 들키는 게 싫
어서 그것을 선뜻 받았습니다. 함께 있던 친구들도 넙죽 받았
지요. 종이에 말아 불을 붙이고 빨아들이니 머릿속이 몽롱해
졌습니다. 선배 그리고 다른 친구들과 전보다 더 가까워진 듯
한 기분이 들었습니다.

어느 나라나 약물은 법률로 인정하는 것과 인정하지 않는
것이 있습니다.

불법 약물이 10대의 손으로 건너가는 것은 선배나 어른이
이런 약물을 사용하기 때문입니다. 소타처럼 자기가 좋아하는
사람의 권유로 접하는 경우가 흔하지요.

소타는 친구들과 어울려 밤거리를 어슬렁거렸습니다. 밤마
다 길거리에 앉아 떠드는 비행 청소년 집단은 길을 가는 사람
들에게는 그저 민폐일 뿐이지요. 하지만 집에서는 방치되고,
학교에서는 소외되고, 어디에 있어도 불편함을 느끼던 소타의
눈에는 이 삭막한 밤거리가 달리 보였을 겁니다. 어쩌면 소타
에게 그곳은 겨우겨우 찾은 보금자리였을지도 모릅니다.

소타에게는 누군가가 자기 이야기를 찬찬히 들어준 경험이

없었습니다. 그게 얼마나 외로운 일인지 한번 상상해 보세요. 불량배인 선배가 소타에게 특별한 존재가 된 것은 자연스러운 흐름 같기도 합니다. 그리고 '멋있는데?'라는 한마디에 소타는 처음으로 자신의 존재 가치를 인정받은 듯한 기분이 든 것입니다.

'선배 그리고 친구들과 더 친해지고 싶다. 이 사람들 속에서 흔들리지 않는 내 자리를 확보하고 싶다.' 계속 고립되어 지내던 소타에게 이런 바람은 자연스러운 것인지도 모릅니다. 불법 약물을 사용하는 것은 세상을 등지는 행위지만, 그 사실을 알면서도 손을 댄 이유는 소타가 유대감을 찾으려고 필사적으로 발버둥 쳤기 때문이 아닐까요? 대마를 받아 들었을 때 주저하는 모습을 보이지 않으려고 애태웠을 소타의 마음을 생각하면 가슴이 아려 옵니다.

"마약은 안 돼!"라며 소타를 호되게 꾸짖는다 해도 문제는 해결되지 않습니다. 소타처럼 다른 사람에게 인정받는 일이 드물었던 아이는 무엇을 하든 꾸중을 들었기 때문에 어른이 위협적으로 말하는 것 따위는 신경 쓰지 않습니다. 그러다 보니 불법 약물을 반복해서 사용하게 되고, 결국 경찰에 체포되어 소년원에 보내지게 됩니다.

불법 약물 남용으로 소년원에 들어가면 약물 없이 생활하며 약물 남용 재발을 방지하기 위한 프로그램에도 참여합니다. 이 프로그램에서 자기 내면을 들여다본 끝에 스스로 약을 끊겠다고 결심하는 아이도 있습니다.

10대 의존증 환자의 경우는 약물을 사용한 기간이 성인 의존증 환자보다 짧아서 치료 자체에 그다지 애를 먹지 않습니다. 오히려 중요한 것은 소년원을 나간 다음입니다. 보통은 부모가 아이들을 받아 주는데, 부모가 의존증 등의 문제를 안고 있거나 학대의 장본인일 때, 집으로 돌아가자마자 다시 약에 손을 대는 경우도 있습니다. 일시적으로 약물을 끊는 것은 쉬워도 근본적인 삶의 어려움을 해결하지 않는 한, 아예 중단하기는 어렵습니다.

저는 그 아이들을 지속적이고 체계적으로 지원해 주는 지역 사회 시스템을 갖춰야 한다고 생각합니다. 그러나 안타깝게도 아이를 진료하는 정신과 의사는 많지 않습니다. 물론 아동정신과 전문의가 있기는 하지만 약물 의존은 다루지 않는 경우도 많습니다.

믿을 만한 곳 가운데 하나는 국가 또는 지방 자치 단체가

운영하는 정신건강복지센터, 중독관리통합지원센터[▲]입니다 (259쪽의 '도움받을 수 있는 상담처 목록'에 실려 있습니다). 이곳에는 정신건강 전문요원, 간호사, 임상심리사, 사회복지사, 작업치료사, 정신건강의학과 전문의 등이 중독 상담과 재활 프로그램을 진행합니다. 마약류 중독자 치료보호사업을 통해 소년원에서 나온 아이들이 이러한 지원 기관과 연결될 수 있도록 도와주기도 하지요.

제가 '가정'이 아니라 '지역'이라고 말한 것은 약물 의존 문제를 가족끼리만 해결하기는 어렵다고 생각하기 때문입니다. 이는 문제를 안고 있는 가정을 비롯해 어떤 가정이든 마찬가지입니다. 여기서 말하는 약물은 불법 약물과 합법 약물 모두 해당합니다.

약을 사용하는 아이는 입으로는 "내 몸 내 마음대로 하는 게 뭐가 어때서?"라고 말하지만, 사실은 이대로는 안 된다는 것을 알고 있습니다. 자신이 바라는 모습과 가까워지기 위해 약을 사용했는데, 오히려 이상적인 모습에서 점점 멀어집니

[주] 한국의 경우 광역정신건강복지센터, 기초정신건강복지센터, 중독관리통합지원센터 등을 설치해 중독 문제를 상담하고 치료를 지원하고 있다.

다. 또 자기가 좋아하는 사람에게 인정받고 싶어서 약을 사용했는데, 반대로 그 사람의 기대를 저버리게 됩니다.

그런 상태에 있는 아이에게 상식이나 옳고 그름을 이야기해 봤자 반발심만 커질 뿐이지요. 제3자의 입장에 있는 전문가가 "네 마음은 잘 알겠어. 그런데 원치 않는 방향으로 가는 것은 아니니?" 하는 정도로 조심스럽게 다가가면서 치료에 동기를 갖도록 하는 게 좋습니다.

더 나아가 약물 의존 치료에서 무엇보다 중요한 것은 꾸준함입니다. 그러려면 '사실은 참을 수 없을 정도로 힘들다.', '한동안 참았는데, 또 약을 먹고 싶어졌다.'라고 털어놓을 수 있는 장소가 필요합니다. 아이의 고백을 듣고 "솔직하게 말하다니 대견하구나" 하고 받아들여 주면 본인의 의식이 달라집니다. 주위의 시선을 피해 약물을 사용하는 아이는 늘 어딘가 켕기는 기분을 느끼고 있습니다. 안심하고 솔직하게 말할 수 있는 장소를 확보하면 꺼림칙한 기분에서 해방되어 치료에 적극적으로 임할 수 있습니다.

그러나 가족에게 이런 대응을 바라는 것은 어려울지도 모릅니다. 가족이기 때문에 감정을 억누르기가 쉽지 않지요. 약을 끊었다고 믿었던 아이가 몰래 다시 약을 먹고 있다는 사실을 알았을 때 과연 부모는 냉정하게 대응할 수 있을까요?

정신건강복지센터에서는 아동·청소년 대상 정신건강서비스를 제공하고 있습니다. 이곳에서 의존증이 의심되거나 의존증으로 어려움을 겪고 있는 아동·청소년을 위한 조기 발견 및 사후 관리 서비스를 받을 수 있어요. 이런 곳에서 정보를 얻거나 상담하고, 나머지는 전문가의 조언을 따르면 됩니다. 그것이야말로 회복을 향한 지름길입니다.

야식이 당길 때 양치하는 것처럼

사람들이 쉽게 빠져드는 불법 약물을 살펴보면, 연령에 상관없이 전체 사용량을 보았을 때는 카페인, 니코틴, 필로폰, 코카인 등 각성제 종류가 가장 많습니다. 각성제는 '한 번 사용하면 인생이 끝난다.'는 무시무시한 이미지를 가지고 있지만 사실은 다릅니다. 의외로 별 어려움 없이 끊는 사람도 있지요. 어디까지나 '아주 잠깐'이지만 말입니다. 본인이 끊겠다고 결심을 굳혔어도, 그리고 끊은 뒤에 오랜 세월이 지났어도 눈앞에 있으면 손을 대는 것이 각성제입니다. 바로 이것이 각성제라는 약물의 진짜 어려움입니다.

그것은 각성제를 사용하는 사람의 의지가 약해서가 아닙니다. 각성제를 사용한 기억이 일단 머릿속에 새겨지면 두 번 다시 지워지지 않기 때문입니다. 그런 의미에서는 확실히 되돌릴 수 없습니다. 하지만 회복할 수는 있습니다.

약물 의존증 치료 프로그램에서는 언제, 어디서, 무엇이 트리거(방아쇠)가 되어 약을 사용하고 싶어지는지를 과거의 경험에서 찾아내 그런 상황을 피하도록 유도합니다. 위험한 장소에는 가지 않고, 위험한 사람과 어울리지 않는 등 일상생활에서 트리거에 가까이 갈 만한 상황을 되도록 피하는 것이지요.

트리거를 피했다 하더라도 환자의 머릿속은 '슬슬 다시 하고 싶다. 하지만 발각되면 이번에는 위험하겠지? 아니야, 3개월이나 끊었으니까 이제 된 거 아닌가?' 등 약에 관한 생각으로 가득할 때가 있습니다. 심지어 꿈에 각성제가 나오기도 합니다. 이렇게 계속 갈등하다 보면 대부분 또다시 약에 손을 대고 맙니다. 그래서 약물 의존증 치료 프로그램에서는 약을 하고 싶은 충동이 일었을 때 곧바로 관심을 다른 곳으로 돌리는 방법을 연습합니다.

이 방법은 한밤중에 라면이 먹고 싶을 때를 예로 들면 이해하기 쉬울 것 같은데요, 저녁밥도 제대로 챙겨 먹었는데 한밤중에 갑자기 라면이 먹고 싶을 때가 있지요. 먹으면 반드시 살이 찝니다. 건강에 좋지 않은 것도 분명합니다. 하지만 또 한 명의 악마 같은 자신이 속삭입니다. '오늘 저녁밥이 좀 적었으니 괜찮지 않을까?', '내일 운동하면 되지 뭐.'라고 말입니다. 마음이 갈팡질팡하는 사이 컵라면에 물을 붓고 있는 자신을 발견합니다.

이때를 피하는 가장 좋은 방법은 먹고 싶은 생각이 드는 순간, 곧바로 일어나 이를 닦는 것입니다. 그러면 라면 생각이 덜해집니다. 그런 다음 공부나 만화, 게임 등 하던 일을 멈추고 이불을 뒤집어쓰고 잡니다. 이렇게 하면 라면을 입에 대지 않은 채 아침을 맞이할 수 있습니다.

각성제를 피하는 방법도 이와 다르지 않습니다. 그러나 사람이라서 실패할 때도 있습니다. 약에 손을 댄 사람은 하나같이 눈앞에 놓여 있어서 그랬다고 말합니다. 눈앞에 놓여 있었다는 것은 위험한 장소나 위험한 사람에게 스스로 다가갔다는 뜻입니다.

이럴 때는 약에 손댄 것을 탓하지 말고 왜 그런 마음이 들었는지에 초점을 맞춰야 합니다. 손가락질 받아 자신감이 바닥까지 떨어져 있었는지도 모릅니다. 일반적인 방법으로는 풀리지 않는 문제를 끌어안고 누구에게도 털어놓지 못하고 있었을지도 모릅니다. 분명 이유가 있었을 겁니다. 실패한 기억이 선명할 때는 그 이유를 찾아서 새로운 대책을 세워야 합니다.

이렇게 '약을 먹지 않고 넘긴 날'을 하루하루 반복함으로써 약을 먹지 않는 기간을 서서히 늘려 나가는 겁니다. 여기서 효과를 거두는 것은 강한 의지나 강인한 성격이 아니라 상황을 슬기롭게 빠져나가는 지혜입니다.

이러한 여정을 생각하면 약물 의존증에서 회복하는 데 빠질 수 없는 것이 '치료'만으로 끝나지 않는 지속적인 '지원'이라는 사실을 알 수 있습니다. 중요한 점은 약에 의존하게 된 근본적인 문제에 눈을 돌리는 것과 약을 끊기 위해 노력하고 있는 사람이 고립되지 않도록 하는 것입니다. 그리고 실패해도 다시 시작할 수 있어야 합니다. 각성제에 푹 빠져 있던 과거를 딛고 칠전팔기하여 사회에 복귀한 사람도 많으니까요.

원인으로 눈을 돌리면

약물 중에는 어른에게는 합법이지만, 미성년자에게는 법률로 금지하는 것이 있습니다. 여러분도 아실 겁니다. 바로 술과 담배입니다.

아마 일본과 한국에서 가장 널리 사랑받는 약물은 술일 겁니다. 어른들이 신나게 마시는 술은 사실 엄연한 약물입니다. 술에 취한 사람이 평소와 다른 행동을 하는 것은 알코올이 일시적으로 뇌의 활동을 마비시키기 때문입니다. 항상 싱글벙글하던 사람이 술자리에서 크게 화를 내며 주먹을 휘두르거나, 과묵하고 얌전하던 사람이 동료를 괴롭히는 경우도 있습니다. 이처럼 술은 때로는 돌이킬 수 없는 문제를 일으킵니다.

10대의 음주는 불법인데, 법률적인 문제는 차치하더라도 젊어서부터 술을 마시는 것은 그다지 득 될 것이 없습니다. 무엇보다 알코올은 의존증에 빠지기 쉬운 물질이기 때문입니다. 매일 약 500~700밀리리터씩 술을 마신다고 가정했을 때 남성은 10년, 여성은 6년이면 의존증에 걸린다고 합니다. 사람은 평생 안전하게 마실 수 있는 술의 양이 정해져 있어서 술을 마시는 이상 누구나 의존증에 걸릴 수 있음을 알 수 있지요. 가능한 한 늦게 마시기 시작하고, 한 번에 마시는 양을 적게 하는 것이 오랫동안 술을 즐기는 방법이겠지요. 10대 때부터 술을 마시기에는 왠지 아깝다는 생각이 듭니다.

그럼 술을 잘 마시는 사람과 못 마시는 사람 가운데 어느 쪽이 의존증에 빠지기 쉬울까요? 정답은 잘 마시는 사람입니다. 잘 마시는 사람은 한꺼번에 많이 마시기 때문에 의존증에 더 걸리기 쉽습니다. 물론 술이 약한 사람도 계속해서 마시다 보면 의존증에 빠질 수 있습니다. 특히 술을 마시면 얼굴이 빨개지는 사람은 의존증 문제 이전에 술을 마시지 않는 것이 좋습니다. 얼굴이 붉어지는 이유는 알코올을 분해하는 체내 효소의 양이 적기 때문인데, 무리해서 마실 경우 식도암에 걸릴 위험이 일반 사람의 20배나 됩니다.

술은 성인이라면 합법적으로 마실 수 있지만 지나치면 죽을 수도 있는 위험한 물질입니다. 단시간에 많은 술을 마시면 생명을 유지하는 기관에 영향을 미쳐 목숨을 잃을 수밖에 없습니다. 이것이 바로 급성 알코올 중독입니다.

또 알코올에 포함된 독 성분이 뇌세포 수를 감소시키고, 뇌를 쪼그라뜨린다는 사실도 밝혀졌습니다. 따라서 알코올을 많이 마시면 젊은 사람이라고 하여도 뇌가 쪼그라들어 기억력과 판단력이 저하되는 알츠하이머형 치매 같은 병에 걸릴 위험이 높아집니다.

이렇게 위험한데도 많은 사람이 술을 마십니다. 그렇다면 알코올 의존증의 기준은 어떻게 될까요? 매일 밥 먹을 때 한

두 잔씩 곁들이거나 단순히 많이 마신다고 해서 알코올 의존증은 아닙니다. 하지만 술을 마실 때마다 문제를 일으키는데도 멈추지 못한다면 그것은 위험 신호입니다. 일하거나 운전하기 전에도 마신다거나 누군가에게 피해를 준다는 사실을 알면서도 계속해서 마신다면 이때는 치료가 필요합니다.

알코올 의존증은 갑자기 끊었을 때의 반동이 무척 괴로운 병입니다. 이를 '금단 증상'이라고 하는데요, 금단 증상이 일어나면 초조하고, 손이 떨리고, 계속 땀이 나고, 불쾌감이 온몸을 덮칩니다. 심하면 환각이나 간질[•] 발작을 일으키기도 합니다. 음주 기간이 짧으면 짧을수록 치료가 순조롭기 때문에 빨리 병원에 가는 것이 중요합니다.

과거와 비교하면 지금은 10대 때부터 술을 마시는 사람이 드물지요. 하지만 한 방울도 마시지 않는 아이가 있는가 하면, 알코올 도수가 높은 술만 마시는 아이도 있어 상당히 양극화되어 있는 것 같습니다. 또 비록 그 수가 적기는 하지만 10대에 이미 알코올 의존증에 빠진 아이도 있습니다. 여기서도 잊어서는 안 될 것은 그들이 왜 술에 의존하게 되었는지를 생각

●   갑자기 경련을 일으키고 의식이 없어지는 뇌의 병.

해 보는 것입니다. 소타처럼 곤란한 사정이 있어서 술에 기댈 수밖에 없었던 건 아닐까요? 어떤 약물이든 의존했다는 결과만 볼 것이 아니라 그 원인에 눈을 돌려야 합니다.

의존증 직행버스

술과 마찬가지로 요즘에는 10대 흡연자의 수도 줄고 있는 추세입니다. 금연을 실시하면서 흡연 장소가 줄어든 이유도 있어서 연령에 상관없이 흡연자 비율은 해마다 감소하는 경향을 보여 주고 있습니다. 그런데도 이 책에서 담배를 다루는 이유는 담배의 성분 가운데 하나인 니코틴이 의존성 높은 물질이기 때문입니다.

담배를 처음부터 맛있다고 느끼는 사람은 아마 없을 겁니다. 처음 담배를 피우면 매캐하고, 속이 울렁거리고, 입 안이 따끔거립니다. 그런데 이 불쾌감은 금방 사라지고, 일주일쯤 뒤에는 뭔가를 물고 있지 않으면 입이 심심해집니다. 특히 남성 흡연율이 80퍼센트에 달했던 쇼와 시대▲에는 담배를 피우

▲   히로히토 천황 시대(1926~1989).

면서 선배들과 가까워지기도 했습니다. 남자들의 유대감을 키우다는 구실로 처음의 불쾌감을 쉽게 극복했던 것이지요. 이렇게 담배에 관해 이런저런 변명을 늘어놓는 이유는 저 자신이 '니코틴 의존증'이기 때문입니다.

니코틴은 조금 이상한 약물입니다. 담배를 얕게 피우면 뇌의 활동을 활성화하고, 천천히 깊게 들이마시면 뇌의 활동을 억제합니다. 피우는 방법에 따라 효과가 달라지는 것이죠. 카페인처럼 익숙해질수록 양이 늘어나지도 않습니다. 골초로 불리는 사람은 있지만, 오래 피운다고 담배 개비 수가 늘어나는 것도 아닙니다. 또 담배를 오랫동안 피우고 있는 사람이 니코틴 함유량이 높은 담배를 선택하느냐 하면 그렇지도 않습니다. 저마다 취향에 맞는 담배가 있어서 그것만 피우는 경우가 많지요. 지금은 흡연실 등 특정 장소 이외에는 담배를 피울 수 없지만, 옛날에는 사무실에서 일하며 피우거나, 식당에서 식사 후에 피우거나, 술집에서 술잔을 기울이면서 피우는 사람이 많았습니다. 그만큼 흡연이 일상생활에 깊이 뿌리를 내리고 있었던 것이지요.

니코틴은 끊었을 때 다른 어느 약물보다 금단 증상이 심하다는 특징이 있습니다. 담배를 갑자기 끊으면 초조하거나, 가습이 벌렁거리고, 침착하게 사고할 수가 없게 됩니다. 기분이 안 좋아진 사람이 담배를 한 대 피운 뒤에 언제 그랬냐는 듯 밝아지는 경우도 흔히 있습니다.

저는 독서할 때 담배가 없으면 머릿속에 아무것도 들어오지 않습니다. 담배 없이는 생각하기도 어렵습니다. 담배를 끊으면 폐인이 되지 않을까 하는 공포심도 있습니다. 물론 그냥 기분 탓이겠지만 말입니다.

한마디로 니코틴은 끊기 어려운 약물 가운데 하나입니다. 하지만 20~30년 동안 흡연하면 폐와 기관지, 식도를 비롯해 여러 장기에 안 좋은 영향을 미칩니다. 발병 위험이 가장 높은 질환은 폐암입니다. 알코올과 니코틴에 오랫동안 의존하면 온갖 암에 걸릴 위험이 높아집니다. 그런데 이러한 영향이 나타나기까지는 오랜 시간이 걸리고, 담배를 피워도 평소의 생활이 파탄 나는 경우는 거의 없기 때문에 금연해야겠다는 생각을 하기 어렵습니다. 이것이 니코틴의 성가신 성질입니다.

또 하나, 제가 담배에 관해 단언할 수 있는 사실은 담배가 최고의 '게이트웨이 드러그gateway drug'라는 것입니다. 담배가 각성제나 환각제 같은 한 단계 위의 약물로 가는 관문이 된다는 뜻이지요. 정신과 의사라는 직업상 저는 각성제를 사용한 많은 사람을 보아 왔는데 담배를 피우지 않으면서 각성제를 사용하는 사람을 만난 적이 거의 없습니다.

추측하건대 담배를 피우면 연기를 입으로 흡입하는 것에 대한 저항감이 낮기 때문이 아닐까요? 나아가 불법 약물에 대한 경계심을 낮추기도 할 겁니다. 니코틴 의존증인 제가 말하기는 뭣하지만, 담배가 좋은 점이 별로 없는 약물이라는 것만은 분명합니다.

세 종류의 약물

지금까지 몇 가지 약물에 대해 알아보았습니다. 약물이라고 뭉뚱그려 말했지만 효과나 강도, 갑자기 끊었을 때의 리바운드 현상▲에 차이가 있고, 각각의 특징이 있습니다. 이 장을 매듭지으면서 주요 약물을 정리해 봅시다. 약물은 뇌에 어떤 영향을 미치는지에 따라 크게 세 가지로 나눌 수 있는데요, '각성제'와 '진정제' 그리고 '환각제'가 그것입니다.

▲ 약물을 급격히 줄이거나 끊었을 때 약물로 조절되던 질환이 반동적으로 약을 사용하기 전보다 악화되는 현상.

각성제는 '중추 신경 흥분제'인데, 뇌의 기능을 활성화해서 눈이 번쩍 뜨이거나 활력이 생깁니다. 약한 약물로는 카페인과 니코틴 등이 있고, 강한 약물로는 코카인 등이 있습니다. 각성제는 반복해서 사용하면 중독되기 쉽고, 갑자기 끊으면 커다란 무력감이 몰려와 사용하기 전보다 기운이 없어지는 현상이 나타납니다.

특히 강한 약물의 경우 신경이 예민해져서 작은 일에 사로잡히고, 세세한 부분에 집착하고, 소중한 사람을 의심하는 등의 증상을 보이기도 합니다. '애인이 바람피우는 게 아닐까?' 하는 의혹을 떨치지 못하고 주먹을 휘두르거나 '저 사람이 나를 함정에 빠뜨리려 하고 있다.'는 병적인 피해망상을 하는 등 심각한 상태에 이르는 경우도 있습니다. 또 심장이나 혈관이 손상을 입어 심근 경색*이나 뇌출혈** 등으로 생명이 위험해지는 일도 있지요.

진정제는 '중추 신경 억제제'입니다. 뇌의 활동을 억제해서 마비시키기 때문에 머리가 멍해집니다. 다만, 긴장이나 불안

---

* 심장이 산소 부족으로 괴사하는 병.
** 뇌혈관에 장애가 생기는 병.

을 완화해 주어 평상시보다 자연스러운 대화를 나눌 수 있습니다. 진정제의 대표 약물은 알코올입니다. 알코올을 갑자기 끊었을 때의 리바운드 현상이 괴롭다는 사실은 앞에서도 말했는데, 그 때문에 이것 역시 끊기 어려운 약물 가운데 하나입니다. 그 밖에도 정신과에서 처방하는 수면제나 항불안제와 같은 전문 의약품도 진정제에 해당합니다. 강한 약물로는 모르핀과 헤로인 등의 마약이 있습니다.

이런 약물은 알코올이나 수면제 이상으로 중독되기 쉽고, 갑자기 끊었을 때의 반동도 큽니다. 강한 초조감과 조바심을 느끼는 동시에 온몸의 구멍이란 구멍에서 온갖 것이 쏟아져 나옵니다. 눈물과 콧물이 흐르고, 변도 나오고, 땀도 비 오듯 쏟아집니다. 뼈가 으스러질 것 같은 통증도 온몸에 나타납니다. 남용하면 호흡이 멈출 위험도 있습니다. 양이 늘면서 어느샌가 몸이 요구하는 양이 치사량을 넘으면 결국 목숨을 잃고 맙니다.

참고로 모르핀이나 헤로인은 통증을 가라앉히는 작용을 해서 의료용 마약으로 쓰이기도 합니다. 단, 통증으로 인해 삶의 질이 떨어지고, 동시에 치료가 곤란할 때에만 의사의 판단에 따라 사용합니다.

마지막은 '환각제'입니다. 오감에 영향을 미쳐 사물이나 소리에 대한 감각을 바꿉니다. 벽이나 물건이 일그러져 보이거나 음악의 일부 파트만 들리거나 왠지 모르게 붕 떠 있는 것처럼 느끼기도 합니다. 잘 알려진 것이 대마이고, MDMA(엑스터시)나 LSD 등이 여기에 해당합니다. 환각제의 문제는 약물의 종류나 그것을 사용하는 사람의 체질, 사용량 등에 따라 무슨 일이 일어날지 예측하기 어렵다는 데 있습니다.

종류		주요 약물	효과	이탈
각성제 (중추 신경 흥분제)	합법	카페인, 니코틴(19세 이상)	뇌의 기능을 활성화하고, 눈이 번쩍 뜨이거나 활력이 생김	몸이 움직이지 않을 정도의 무력감. 신경이 예민해지고 강한 불안이나 망상 발생
	불법	암페타민류 각성제, 코카인		
진정제 (중추 신경 억제제)	합법	알코올(19세 이상), 수면제, 항불안제	뇌의 활동을 억제하고, 긴장이나 불안을 완화함	온몸의 불쾌감, 경련, 환각 등. 다량으로 섭취하면 생명을 위협하기도 함
	불법	모르핀, 헤로인		
환각제	불법	대마, MDMA, LSD	오감에 영향을 미쳐서 감각을 달라지게 함	체질이나 상황에 따라 영향을 예측할 수 없고, 심각한 피해가 생기기도 함

[약물의 세 가지 종류]

특히 법률로 정한 규칙을 교묘하게 빠져나간 약물은 알 수 없는 성분이 포함된 경우도 많아서 착란 상태가 되어 폭력 사건을 일으키는 일도 있고, 단 한 번의 사용만으로 건강에 심각한 피해를 입는 일도 있습니다.

앞의 표에서 볼 수 있듯이 어떤 종류인지에 상관없이 약물에는 합법적인 것과 불법적인 것이 있습니다. 불법적인 것은 과거에 사회적 문제나 건강 피해가 있었기 때문에 법에서 금지한 것으로, 위험한 것이 틀림없습니다.

간단히 정리해 보면 법률로 규정되지 않은 약물이니까 약하다거나 안전하다는 보장이 없다는 사실을 알 수 있습니다. 어쨌든 약물을 남용하면 생각 이상의 반동을 겪게 됩니다. 의존증에 걸렸다고 해서 바로 죽는 것은 아니지만, 계속 사용하면 결국에는 심한 병을 앓거나 죽음에 이를 수도 있습니다.

에미와 유이카, 소타의 사례를 한 번 더 떠올려 봅시다. 약물을 사용하기 시작했을 때는 어쩔 수 없는 사정이 있었습니다. 그렇다고 약물에 기대는 것이 칭찬받을 일은 아닙니다. 하지만 약물이 그들이 안고 있는 고민이나 괴로움을 짧은 순간이나마 누그러뜨린 것은 사실입니다.

그러나 약물의 효과는 길지 않습니다. 어떤 약물이든 지나치게 사용하면 늦든 빠르든 막다른 길에 이르고, 약에 휘둘리는 상태에 몰립니다. 이 세 사람이 정말 필요로 하는 것은 무엇이었을까요? 어느 단계에서 주위의 개입이 있었어야 그들이 조금이라도 편안해졌을까요? 그리고 어떤 환경에서 별 탈 없이 회복할 수 있었을까요? 열쇠를 쥐고 있는 것은 어쩌면 그들 자신이 아니라, 여러분일지도 모릅니다.

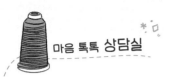

마음 톡톡 상담실

신뢰할 수 있는 어른을
구분하는 방법

Q **어른은 신뢰할 수가 없어요.**

곤란한 일이 있으면 상담하라고 하는데 '믿을 만한 어른'이 없어요. 어른들은 하나같이 설교하거나, 보란 듯이 한숨을 쉬거나, 슬픈 표정을 지을 겁니다. 그러고는 결국 부모님에게 연락하겠지요. 부모님에게 말하면 난리가 난다는 것을 알기 때문에 말할 수 없는 건데 말입니다.

고르곤졸라 중학교 1학년 네즈히토

A **신중하게 어른을 고르세요.**

네즈히토 학생은 사람을 잘 관찰하는군요. 네즈히토 학생이 무슨 얘기를 하는지 알 것 같습니다. 신뢰할 수 있는 어른이 매우 드물다는 말이죠? 저도 그렇게 생각합니다. 그래서 신중하게 골라야 합니다.

제가 생각하는 '구분 방법'이 몇 가지 있으니 참고해 줬으면 좋겠습니다. 우선 평소에 큰소리치며 잘난 척하는 사람은 안 됩니다. "나 때는 말이야……." 하며 무용담을 늘어놓고 싶어 하는 사람도 피하는 게 낫습니다. 학생 이야기를 무조건 부정하는 사람 역시 거르는 편이 좋습니다.

그래도 잘 모르겠다면 본심을 다 내보이지 말고, 조금씩 꺼내 놓으면 어떨까요? '요즘에 잠이 잘 안 온다.'라거나 '공부에 집중할 수 없다.'라거나 하는 일반적인 이야기를 꺼내면서 상대방의 반응을 보는 겁니다. 옳고 그름을 따지거나 강요하지 않고 평소와 다름없는 태도로 이야기를 들어주는 사람이라면 선택해도 됩니다.

부모님께 연락이 가는 것은 피할 수 없을 거예요. 하지만 학생 편에서는 어른이 있는 것과 없는 것은 천지 차이겠지요. 부모님과 학생 사이에서 중간 다리 역할을 해 주는 '통역사'를 고른다고 생각하면 어떨까요?

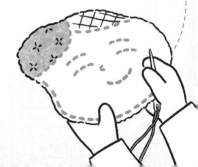

제3장

사람의 몸과 마음은
왜 아플까?

의존증의 구조와 역사

뇌가 공중 납치를 당한다고?

의존증이란 뇌가 공중에서 납치당한 상태 같은 것이라고 할 수 있습니다. '나'라는 비행기가 하늘을 날고 있다고 상상해 봅시다. 여러분은 지금 비행기 조종실에서 조종간을 잡고 있습니다. 조종간을 움직이면 높이 날거나 낮게 날거나 좌우로 돌거나 자기가 원하는 대로 비행할 수 있지요. 그런데 의존증에 빠지면 누군가에게 조종간을 빼앗긴 것과 같은 상태가 됩니다. 그 누군가는 상상 이상으로 강해서 아무리 노력해도 이길 수 없습니다. 자기 의지로는 아무것도 할 수 없어 결국에는 누군가가 행사하는 힘에 조종당하고 맙니다. 이것이 의존증에 빠진 사람의 상태입니다.

왜 이런 일이 일어나는 걸까요? 그 이유는 뇌의 구조에서 찾아볼 수 있습니다. 뇌는 '딸기찹쌀떡'과 같은 구조로 되어 있습니다. 딸기찹쌀떡을 살펴보면 바깥쪽에 부드러운 찹쌀떡이 있고, 그 아래는 팥소가, 그리고 가운데는 딸기가 있지요. 뇌도 딱 그런 형태로 되어 있고 각 부위마다 하는 역할이 다릅니다.

찹쌀떡 부분은 '대뇌 피질'이라고 부르는데, 동물 가운데 인간에게서만 발달한 부분입니다. 이곳은 다른 사람을 배려하거나 감정을 조절하는 등 인간의 복잡한 사고를 통제하는 기능을 담당합니다. 우리는 찹쌀떡의 활동 덕분에 조리 있고 올바르게 판단하거나 주위 사람들을 살펴볼 수 있는 것입니다. 온갖 감정 중에서 슬픔이라는 차원 높은 감정 역시 이 부분이 관여합니다.

팥소 부분은 '변연계'라고 부르는데, 이 부분은 인간이 아닌 다른 동물에게도 있습니다. 이곳에서는 분노, 두려움, 불안 등 무의식적으로 솟아나는 감정과 식욕, 수면욕, 성욕 같은 욕구를 조절합니다.

가운데 딸기 부분은 '뇌간'이라고 부르는데, 이 부분은 생명을 유지하기 위해서 꼭 필요한 기능을 조절합니다. 우리가 특별히 의식하지 않아도 호흡하거나 심장을 움직일 수 있는 것

[뇌의 구조]

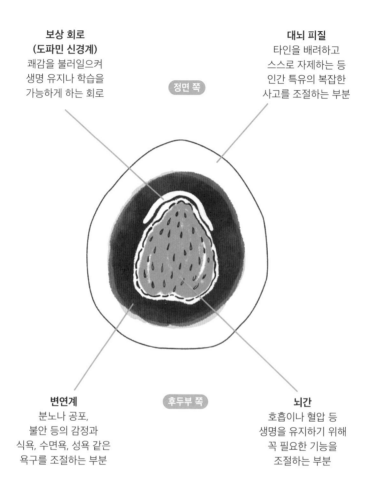

**보상 회로
(도파민 신경계)**
쾌감을 불러일으켜
생명 유지나 학습을
가능하게 하는 회로

대뇌 피질
타인을 배려하고
스스로 자제하는 등
인간 특유의 복잡한
사고를 조절하는 부분

정면 쪽

변연계
분노나 공포,
불안 등의 감정과
식욕, 수면욕, 성욕 같은
욕구를 조절하는 부분

후두부 쪽

뇌간
호흡이나 혈압 등
생명을 유지하기 위해
꼭 필요한 기능을
조절하는 부분

은 이곳이 활동하기 때문입니다.

팥소 부분의 가장 안쪽, 딸기와 직접 닿아 있는 부분에 '보상 회로'라는 것이 있습니다. 여기에는 우리가 생명을 유지하는 데 필요한 것을 취했을 때 '기분 좋음'을 느끼게 하는 보상 장치가 새겨져 있습니다.

예를 들어 배가 고플 때 밥을 먹으면 만족스러운 기분이 듭니다. 이는 음식물을 섭취하는 일이 생존을 위해 반드시 필요하기 때문입니다. 살아남기 위해서 필수 불가결한 일은 이런 식으로 '쾌감'과 짝을 이루고 있습니다. 그 때문에 인간은 누가 가르쳐 주지 않아도 알아서 먹는 행위를 반복하는 것입니다.

뇌의 보상 회로는 이 쾌감의 장치를 이용하여 '학습'을 가능하게 합니다. 어려운 문제를 풀었을 때 속이 후련하거나 스포츠 경기에서 기록을 경신했을 때 짜릿했던 적이 있지 않나요? 부모님이나 선생님에게 칭찬받았을 때도 기쁜 마음이 들었을 겁니다.

이 '기분 좋음'을 일으키는 것이 보상 회로입니다. 새로운 것을 배우는 일은 누구에게나 까다롭습니다. 좀처럼 마음대로 풀리지 않는 답답함과 생각만큼 금방 실력이 늘지 않는 괴로움을 맛봐야 하기 때문이지요. 하지만 이런 고생의 과정을 극복한 뒤에는 '개운함', '속 시원함', '기쁨' 등의 쾌감을 느끼게 되고, 뇌가 이를 기억해서 꾸준히 공부하거나 힘든 훈련을 견딜 수 있게 합니다.

이 보상 회로는 사람이 성장하는 과정에서 매우 중요한 역할을 합니다. 예를 들어 어쩌다 수학 시간에 칭찬받는 일이 많았던 아이는 칭찬을 더 받고 싶어서 열심히 공부합니다. 그러다 보면 자연히 수학이 특기가 되겠지요. 야구로 칭찬받은 아이는 칭찬을 더 받으려고 연습을 많이 해서 고시엔▲에 출전하는 선수가 되기도 하고요.

그런데 의존성이 있는 약물은 이 보상 회로를 직접 자극해서 쾌감을 불러옵니다. 그 이전 단계에서 겪어야 할 답답함이나 괴로움을 건너뛴 채 곧바로 쾌감을 일으키는 것이지요. 고생한 과정 없이 얻은 쾌감은 짜릿함이 크기 때문에 한번 쾌감을 느낀 사람은 또다시 같은 쾌감을 얻으려 합니다. 즉 반복해서 약물을 원하게 되는 것입니다.

하지만 보상 회로는 점차 약물이 주는 쾌감에 익숙해집니

▲   일본 고교 야구.

다. 그래서 시간이 지나면 같은 자극을 받아도 처음만큼의 쾌감을 불러오지 못합니다. 그뿐 아니라 약물에 익숙해지면 그 약물이 없는 상태를 견디지 못합니다. 이렇게 되면 의사가 하는 말을 더 이상 들으려고 하지 않습니다. 찹쌀떡 부분인 대뇌피질이 '약에 의존하면 안 된다.', '좋아하는 사람을 슬프게 하면 안 된다.' 등의 지시를 내려 통제해 보려고 하지만 소용이 없습니다. 팥소 부분인 변연계가 폭주하기 때문입니다. 결국 저항하기 힘든 욕구에 따라 움직이고, 약물을 사용하지 않고는 버틸 수 없게 됩니다. 이 공중 납치는 자기도 모르는 사이에 벌어집니다. 그리고 일단 조종간을 내주면 자력으로는 되찾을 수 없습니다.

너무 쉬운 도파민은 활력이 아니었음을

이번에는 뇌의 보상 회로에서 일어나는 일을 자세히 살펴봅시다. 어렵게 느껴질지도 모르지만, 우리의 머릿속에서 매일같이 일어나고 있는 일입니다. 딸기찹쌀떡을 떠올리면서 연상해 보세요.

보상 회로에서는 '도파민'이라는 신경 화학 물질이 중심적인 역할을 합니다. 도파민이 방출되어 회로가 자극을 받으면 우리는 '기분 좋음'을 느낍니다. 예를 들어 맛있는 음식을 먹었을 때 뇌에서는 도파민이 나옵니다. 또 어려운 문제를 풀었을 때나 사람들에게 칭찬받았을 때도 도파민이 나오지요. 도파민은 우리 '의욕'의 원천과도 같습니다. 의존성이 있는 약물은 이 도파민에 영향을 미칩니다. 영향을 주는 방식은 제2장에서 살펴본 세 종류의 약물이 각각 다릅니다.

먼저 각성제 약물*은 체내에 들어오면 뇌에 명령을 내려 도파민을 분비시킵니다. 이 도파민이 보상 회로를 자극해 쾌감을 느끼게 하지요. 앞에서 이야기한 딸기찹쌀떡에 적용하면, 팥소 부분이 안쪽에서 자극을 받아 눈이 번쩍 뜨이거나 활력이 생기는 것입니다.

하지만 이를 반복하면 뇌가 익숙해져서 약의 양을 늘려야 합니다. 다량의 약물에 노출된 뇌는 얼마 지나지 않아 '약물의 힘으로 도파민이 나오는 것이 당연한 상태'가 됩니다. 그러면 원래 뇌가 갖고 있던, 도파민을 나오게 하는 기능이 게으름을 피우기 시작합니다. '밖에서 들어오는 약만으로도 도파민이

●　　카페인, 코카인 등 중추 신경 흥분제.

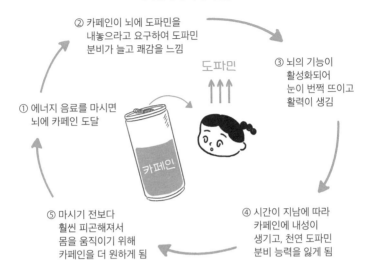

[각성제의 처리 과정]

② 카페인이 뇌에 도파민을 내놓으라고 요구하여 도파민 분비가 늘고 쾌감을 느낌

도파민

③ 뇌의 기능이 활성화되어 눈이 번쩍 뜨이고 활력이 생김

① 에너지 음료를 마시면 뇌에 카페인 도달

카페인

⑤ 마시기 전보다 훨씬 피곤해져서 몸을 움직이기 위해 카페인을 더 원하게 됨

④ 시간이 지남에 따라 카페인에 내성이 생기고, 천연 도파민 분비 능력을 잃게 됨

충분히 나오고 있으니까 된 거 아니야?' 하며 자기 힘으로 천연 도파민을 내보내지 않게 되지요.

이렇게 뇌가 변했는데 도파민을 분비하게 하는 약물이 들어오지 않으면 어떻게 될까요?

뇌는 도파민 결핍 상태에 빠집니다. 이것이 바로 각성제 약물을 갑자기 끊었을 때 몸이 꼼짝도 하지 않거나 힘이 없어지는 이유입니다.

진정제 약물®은 또 다른 쪽에서 영향을 미칩니다. 뇌에서는 글루탐산이라는 물질을 내보내는 신경계(글루타민 신경계)가 도파민 방출을 제어하고 있습니다. 필요하지 않을 때는 도파민이 많이 나오지 않도록 브레이크를 거는 것이지요. 진정제는 이 글루타민 신경계의 활동을 약화시킵니다. 말하자면 브레이크에서 발을 떼는 겁니다. 이렇게 되면 조절되지 않은 많은 양의 도파민이 분비됩니다. 이 도파민은 보상 회로를 자극해 쾌감을 불러일으키겠지요.

이때 뇌의 활동이 억제되어 일시적으로 마취 상태가 됩니다. 그중에서도 찹쌀떡 부분인 대뇌 피질의 활동이 저하됩니다. 술을 마신 어른들이 평소와 다른 행동을 보이는 것은 '사람들 앞에서 점잖아야 한다.', '남에게 실례되는 일이 없도록 조심하자.' 등 찹쌀떡 부분에 의해 유지되고 있던 긴장감이 풀리기 때문입니다. 찹쌀떡이 활동하지 않으면 상대적으로 팥소 부분 활동이 활발해집니다. 술에 취하면 폭언을 내뱉거나 사소한 일에도 폭력을 쓰는 등 문제를 일으키는 것은 팥소가 활동하기 때문입니다.

●   수면제, 모르핀 등 중추 신경 억제제.

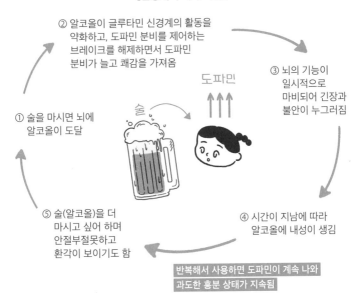

[진정제의 처리 과정]

② 알코올이 글루타민 신경계의 활동을 약화하고, 도파민 분비를 제어하는 브레이크를 해제하면서 도파민 분비가 늘고 쾌감을 가져옴

③ 뇌의 기능이 일시적으로 마비되어 긴장과 불안이 누그러짐

도파민

술

① 술을 마시면 뇌에 알코올이 도달

⑤ 술(알코올)을 더 마시고 싶어 하며 안절부절못하고 환각이 보이기도 함

④ 시간이 지남에 따라 알코올에 내성이 생김

반복해서 사용하면 도파민이 계속 나와 과도한 흥분 상태가 지속됨

진정제 약물 역시 익숙해지면 양을 늘리게 되고, 결국 '브레이크가 걸리지 않는 상태'가 됩니다. 이렇게 되면 브레이크는 더 이상 말을 듣지 않습니다. 알코올의 금단 증상으로 쉽게 욱하거나 짜증이 나고, 손이 떨리거나 땀이 비 오듯 흐르는 이유는 도파민이 지나치게 많이 나오기 때문입니다.

차에 비유하면 각성제는 액셀러레이터를 세게 밟는 약물이고, 진정제는 브레이크를 깨부수는 약물입니다. 방향의 차이는 있지만 양쪽 모두 도파민을 활발하게 만들고, 보상 회로를 자극한다는 점에서는 비슷합니다.

환각제 약물*은 각성제나 진정제와는 다른 방식으로 뇌에 영향을 미칩니다. 이 약물도 보상 회로를 자극하지만, 그 이상으로 눈에 띄는 것은 지각**에 끼치는 영향입니다. 우리는 흔히 환각제 약물은 반복해서 사용할 확률이 낮다고 생각합니다. 각성제 등과 비교할 때는 그렇겠지요. 하지만 단 한 번의 사용으로도 극심한 착란 상태에 빠지는 등 심각한 사태에 이를 가능성이 있다는 사실을 잊어서는 안 됩니다.

나는 의존증에 빠지기 쉬운 사람일까?

약물의 힘으로 분비된 도파민은 매우 강렬합니다. 때로 터무니없이 많은 양이 나오기도 하지요. 인간은 이 강렬함에 빠져 반복해서 약을 원하게 됩니다. 하지만 모두가 약물로 얻은 도파민의 포로가 되는 건 아닙니다. 만약 모두가 도파민의 포

---

* 대마, MDMA, LSD 등의 환각제.
** 시각, 청각, 후각, 미각, 촉각 등의 활동.

로가 된다면 제1장에서 나왔던 의문, '똑같이 에너지 음료나 일반 의약품을 먹어도 의존증에 빠지는 사람과 빠지지 않는 사람이 있는 것은 왜인가?'를 설명할 수 없겠지요.

약물로 도파민을 체험해도 그 쾌감에 큰 매력을 느끼지 않는 사람이 있습니다. 바로 지금까지 살면서 천연 도파민이 주는 만족감을 많이 체험해 온 사람입니다. 어린 시절부터 칭찬을 듬뿍 받고 자란 사람은 약물의 힘으로 얻는 쾌감보다 마땅히 겪어야 할 고된 과정을 치른 뒤에 인정받는 것을 더 좋아합니다.

반면에 남에게 칭찬받거나 인정받은 경험이 별로 없고, 뭘해도 지적만 받아 왔던 사람은 친연 도파민의 쾌감을 충분히 경험하지 못했겠지요. 이런 사람은 약물로 얻은 도파민의 유혹에 굴복하기 쉽습니다. '좀 더, 좀 더' 하며 약물을 반복해서 원하게 됩니다.

여기서 우리는 의존증에 빠지기 쉬운지 아닌지에는 개인차가 있고, 그 차이가 생기는 원인 가운데 하나는 유소년기의 경험과 성장 환경에 있다는 사실을 알 수 있습니다. 실제로 부모에게 학대받거나 학교에서 따돌림당한 경험이 있는 사람 중에서 약물을 남용하는 비율이 높다는 사실이 밝혀졌습니다. 또 어른이 되고 나서 약물 의존증에 걸린 사람 가운데에도 '어린 시절 부모에게 자주 맞았다, 칭찬받은 적이 없다, 부모가 자신에게 전혀 신경을 써 주지 않았다, 엄청나게 심한 따돌림을 당했다.'는 등의 경험을 가진 사람이 많습니다.

사람은 체내에 약물이 들어오면 도파민 분비에 의한 쾌감을 얻습니다. 많은 사람들이 약물 의존증에 걸린 사람을 보면서 '그저 자기 기분 좋아지려고 그러는 거 아니냐?' 하는 식으로 비난하는 이유는 이 쾌감이라는 단어가 지닌 이미지 때문인지도 모르겠습니다. 하지만 의존증에 빠지기 쉬운 사람과 아닌 사람의 차이를 알고 나면 그런 생각에는 큰 오해가 있다는 사실을 깨닫게 될 겁니다.

약물이 주는 쾌감을 반복해서 원하는 사람, 즉 의존증에 빠지기 쉬운 사람은 결코 쾌락을 얻으려고 약물을 사용하는 것이 아닙니다. 감당할 수 없는 고민과 괴로움, 마음의 상처를 안고 있는 그들은 약물이 이런 아픔을 잠시나마 누그러뜨려 준다는 사실을 우연히 발견한 것뿐입니다. 비록 한순간에 불과하더라도 뻥 뚫린 마음속 동굴을 메울 수 있을 것 같은 기분이 들어서 놓지 못하는 것이지요.

하지만 이것은 어디까지나 경향에 관한 이야기일 뿐, 예외가 있다는 사실도 덧붙여 두겠습니다. 사람은 생각하는 방식이나 느끼는 방식이 저마다 다르기 때문에 가정 환경에 문제가 있는 사람이나 과거에 따돌림당한 사람이라고 해서 그들 모두가 반드시 쉽게 의존증에 빠지는 건 아닙니다. 반대로 충분히 사랑받으며 자랐다고 말할 수 있는 아이가 일방적으로 부모의 눈치를 보거나 열등감을 느껴서 약에 의존하는 사례도 있습니다.

또 환경이나 경험과는 상관없이 선천적으로 도파민을 내보내는 기능이 약한 사람도 있는데, 이런 경우도 의존증에 빠지기 쉽습니다. 이들은 어린 시절에 칭찬을 많이 받았어도 천연 도파민이 주는 쾌감을 그다지 경험하지 못한 채 성장하게 됩니다. 그러다가 약물이 가져다주는 강렬한 쾌감을 경험하면 다른 사람과는 비교할 수 없을 정도로 깊이 빠져듭니다.

또 하나, 천연 도파민을 충분히 경험했지만 그것이 흔적도 없이 날아가 버리는 경우가 있습니다. 흉악한 범죄의 피해자가 되는 등 너무나도 괴로운 경험을 하면 천연 도파민으로 길러 온 보상 회로가 한순간에 망가집니다. 안타깝지만 그런 경험을 한 사람이 약물이 발생시킨 도파민을 경험하면 쉽게 의존증에 빠지기도 합니다.

우리 인간은 언제부터 의존증이라는 병과 함께해 왔을까요? 1977년에 세계 최초로 '병'으로 인정받은 의존증은 알코올 의존증입니다. 가장 먼저 인정받은 알코올 의존증조차 겨우 40여 년밖에 되지 않았지요. 그런 의미에서 의존증은 새로운 병이라고 할 수 있습니다. 그런데 인류와 약물이 함께한 역사를 이야기하려면, 훨씬 더 과거로 거슬러 올라가야 합니다.

세계에서 가장 오래된 약물은 알코올입니다. 인류가 처음으로 마신 술은 꿀과 물을 자연 발효시킨 것이었다고 합니다. 지금으로부터 1만 년도 더 된 구석기 시대의 일입니다. 그리고 얼마 뒤에 문명이 탄생하는데, 세계에서 가장 오래된 문명 발상지 가운데 하나인 메소포타미아 유적에서 발굴한 점토판에는 술 만드는 방법에 관한 기록이 있습니다. 기원전 18세기 바빌로니아 제1왕조®의 함무라비왕이 제정한 '함무라비 법전'에는 맥주에 관한 조문條文도 있습니다. 인간은 고대로부터 다양한 식물과 함께 살아가면서 식물이 가진 약효에 일찌감치 주목하고, 어떻게든 써먹으려고 하면서 시행착오를 겪었다는

●　　메소포타미아의 도시 바빌론을 수도로 하는 왕조.

사실을 엿볼 수 있습니다.

그러나 약물이 의존증으로 이어진 것은 한참 뒤의 일입니다. 그 이유는 아무래도 사람들의 생활이 지금처럼 풍요롭지 않았기 때문인 것 같습니다. 고대 사람들에게 약초는 좀처럼 먹을 수 없는 귀한 영양원이었을 겁니다.

그 후에도 여러 민족이 각자의 지역에서 약물과 친해졌습니다. 유럽에서 인기가 많았던 것은 알코올이었습니다. 가축을 기르면서 하는 농경 생활은 감염증의 위험이 높아 항균 효과가 있는 알코올은 귀하게 취급되었습니다. 미국에서 널리 즐긴 것은 담배로, 의식을 치를 때나 병을 치료하는 데 사용되었습니다. 남미에서는 코카인의 원료인 코카를 즐겼지요. 식량이 부족했던 그들은 코카 잎을 씹으면서 일했습니다. 북미에서는 커피를 즐겨 마셨는데, 나중에는 유럽으로 널리 퍼졌습니다. 중국에서는 차를 즐겼지요. 차는 처음에는 왕과 귀족들만 마셨는데 나중에는 서민들도 마시기 시작했습니다. 당나라 시대에 중국 인구가 폭발적으로 늘어난 것은 차 덕분이라는 말도 있습니다. 차에 함유된 카페인의 멸균 효과로 아이들

●　　7~20세기 초의 중국 왕조.

의 사망률이 낮아졌다는 해석입니다.

반면에 세계에서 유일하게 좋아하는 약물이 없는 민족이 있었는데요, 툰드라 지대에 사는 수렵 민족인 에스키모입니다. 그들이 사는 곳은 1년 내내 춥고, 식물이 자라지 않았기 때문입니다. 에스키모처럼 예외도 있기는 하지만 약물은 아주 오래전부터 우리 인간과 함께해 왔습니다.

이쯤 되면 여러분도 살짝 눈치채셨겠지만, 저는 어린 시절부터 역사를 좋아했습니다. 그러니 조금만 더 역사 이야기를 하겠습니다.

시대는 근대로 흘러가 영국에서는 18세기 후반부터 산업 혁명이 일어납니다. 기술 혁신을 통해 기계를 사용한 대규모 생산이 가능해졌습니다. 필연적으로 공장에서 일하는 노동자가 급증했지요. 그들은 쉬는 시간이 되면 술로 수분을 보충했습니다. 오늘날의 우리에게는 믿기지 않는 이야기이지만, 이 시대에는 깨끗한 물을 얻기가 어려워서 술을 마실 수밖에 없었지요. 비틀비틀 취한 상태에서 일하니 공장에서는 사고가 끊이지 않았습니다.

산업 혁명이 일어나기 전에 영국은 중국에서 차를 수입했습니다. 먼저 왕과 귀족 사이에서 차를 마시는 것이 유행하다가 얼마 후에는 서민들에게도 퍼졌습니다. 휴식 시간에 차를 마시는 문화가 자리 잡으면서 공장에서의 사고가 눈에 띄게 줄었습니다. 카페인은 정신을 번쩍 나게 해 주면서 일하는 데 활력을 불어넣어 주었고요.

예술 세계에 대한 이야기도 짚고 넘어갑시다. 19세기에 활약한 독일의 작곡가 베토벤과 프랑스의 소설가 발자크는 커피 없이는 창작 활동을 할 수 없을 정도로 커피를 즐겼다고 합니다. 커피 덕분에 수많은 명곡과 명작이 태어났다고 생각하면 커피에 감사 인사라도 하고 싶어집니다.

이렇게 역사를 돌아보면 인간의 노동과 약물은 끊으려야 끊을 수 없는 관계에 있다고 할 수 있지 않을까요? 기술이 향상되거나 학문이 발전하거나 예술이 꽃필 때 그곳에는 항상 약물이 있었습니다. 우리 사회는 뇌에 영향을 주는 약물과의 관계 속에서 발전해 온 것입니다.

함께 이겨 내는 법

약물이 의존증으로 진행된 것은 언제부터일까요? 앞에서 언급한 것처럼 산업 혁명 무렵이 아니었을까 싶습니다. 산업 혁명 이전 공유지나 소규모 토지가 일부 지주의 사유지로 전환되며 농민이었던 사람들이 도시에 몰려들면서 하층 노동자 계급이 되었습니다. 기계를 이용해 물건을 대량으로 생산할 수 있었기 때문에 소규모로 물건을 만들던 장인들은 직업을 잃었습니다. 사회 구조가 크게 변하면서 가난한 생활을 할 수밖에 없는 사람들이 생겼습니다. 그리고 이런 빈곤층을 중심으로 알코올 남용이 이루어지기 시작합니다.

알코올에 빠진 사람은 당시 '구제 불능' 취급을 받았습니다. 그들은 아무리 말로 설득해도, 집 안에 가둬도, 벌을 줘도, 시간이 조금만 지나면 다시 술을 마셨습니다. 그래서 '답 없는 인간'이라는 말을 들었던 것입니다.

이 불합리한 대우는 오랫동안 이어졌습니다. 1900년대 전반, 제2차 세계 대전 때 나치 독일®이 유대인을 차별하고 대량 학살을 저지른 일은 잘 알려져 있는데, 이때 차별받은 이들은 유대인만이 아니었습니다. 정신 장애나 지적 장애를 가진 사람, 그리고 알코올 중독자도 차별의 대상이었지요. 나치는 그들이 아이를 낳지 못하도록 강제로 수술까지 했습니다. 정말

●　히틀러가 지배하던 시대의 독일.

말도 안 되는 인권 침해입니다.

이렇게 유럽에서 차별이 활개를 치던 무렵, 미국에서는 또 다른 움직임이 포착됩니다. 의욕적인 의사들이 나서서 알코올 남용의 의학적 치료를 시도한 것입니다. 하지만 생각만큼 잘 풀리지 않았습니다. 치료하던 환자가 오히려 악화하거나 알코올을 끊게 하려고 투여한 치료 약에 의존하는 경우도 생겼습니다. 결국 의사들도 "알코올 남용은 의료로 해결할 수 있는 영역이 아니다."라며 두 손을 들고 말았습니다.

의사까지 포기하자 알코올로 인한 건강 피해와 취객이 일으키는 폭력 사건은 날로 늘어 갔습니다. 이런 분위기 속에 기독교 교회를 중심으로 금주 운동이 펼쳐지고, 1920년 마침내 '금주법'이 제정되었습니다. 그 결과 미국에서는 술을 만드는 일과 마시는 일이 범죄가 된 것입니다.

그러나 금주법으로 알코올 남용 문제가 과연 해결되었을까요? 아닙니다. 전혀 해결되지 않았습니다. 사람들이 알코올을 포기하는 일은 없었지요. 알코올을 금지하자 몰래 만든 '어둠의 술'을 샀습니다. 이 술을 만들던 이들이 반사회 세력인 갱gang입니다. 엄청난 이익을 얻은 갱은 순식간에 세력을 확장했습니다. 이와 함께 갱끼리의 싸움도 격렬해져서 치안이 불안해졌습니다. 금주법 이전보다 더 좋지 못한 상황이 되었다는 사실은 누가 봐도 분명했습니다.

1933년 금주법은 제정된 지 10년여 만에 폐지되었습니다. 알코올 남용은 법적인 규제로는 해결할 수 없는 문제라는 사실이 증명된 것이지요.

그런 가운데 알코올에 빠진 두 사람이 만납니다. 사업가인 빌과 외과 의사인 밥입니다. 둘 다 알코올 남용 때문에 일도 생활도 뜻대로 되지 않는 등 막다른 골목에 몰려 있었습니다. 어떻게든 술을 끊고 싶었지만 끊을 수가 없었지요. 몹시 곤란해진 두 사람은 어느 날 밤, 자신의 비참한 과거를 서로에게 털어놓았습니다. "우리는 끝난 인생이야.", "이제는 의사한테 진료도 못 받아.", "자네가 어떤 기분인지 뼛속 깊이 이해가 돼." 이런 식으로 차분하게 대화를 나누다 보니 어느새 날이 밝아 있었습니다. 술을 끼고 살던 빌과 밥이 웬일인지 이날 밤에는 술 없이 아침을 맞이할 수 있었던 것입니다. 두 사람에게는 놀랄 만한 일이었습니다.

그 후 둘은 매일 밤 만나기로 했습니다. 이야기를 나누며 자연스레 술을 멀리하게 된 두 사람은 마침내 술을 끊는 데 성공했습니다. 이는 의학 역사에 남을 만한 큰 사건이었습니

다. 의사도 포기한 알코올 남용을 당사자들끼리 극복했으니까
요. 그것도 자신의 실패를 솔직하게 털어놓는 아주 단순한 방
법으로 말입니다.

이렇게 해서 1935년에 세계 최초의 자조自助 그룹 '알코올
릭·어나니머스Alcoholics Anonymous'●가 탄생했습니다. 자조 그룹이란
같은 어려움을 겪고 있는 당사자끼리 서로 도와 가며 문제를
극복하려고 노력하는 집단을 뜻합니다. 그 후 알코홀릭·어나
니머스는 빠르게 미국 각지로 퍼져 나갔습니다. 그들의 노력
덕분에 1954년, 미국 의학계는 '알코올 의존은 병'이라고 인정
했습니다. 알코올 남용이 형벌의 대상이 아닌 치료의 대상이
된 것입니다.

미국의 움직임에 자극받은 유럽에서도 연구를 진행하며 점
차 사람이 알코올에 의존하게 되는 원리가 규명되었습니다.
그리고 1977년에 드디어 전 세계에서 병으로 인정받고 '알코
올 의존 증후군'이라는 이름으로 불리게 되었습니다(일본과 한
국에서는 이를 줄여 '알코올 의존증'이라고 부릅니다).

그 후 알코홀릭·어나니머스의 방식은 다른 약물 문제를 겪

●　　직역하면 이름 없는 알코올 의존자들.

고 있는 사람들 사이에도 확산되었습니다. '나르코틱스·어나니머스Narcotics Anonymous[•]'를 시작으로 다양한 자조 그룹이 세계 각지에서 생겨났고, 지금은 의존증에 효과가 있는 치료법 가운데 하나로 활용되고 있습니다.

일본의 약물 대책 역사

바다 건너 이야기는 이쯤 하고, 이번에는 한국과 사정이 비슷한 일본 약물의 근대사를 살펴봅시다. 섬나라인 일본은 외국에서 약물을 들여올 기회가 많지 않아 약물과 적당한 거리를 둔 채 생활하고 있었습니다. 하지만 1800년대 후반, 근대국가의 시작이라고도 할 수 있는 메이지 유신 이후 알코올에 빠지는 사람들이 문제가 되었습니다. 다만, 나라 전체가 가난했던 탓에 술을 마시고 싶어도 많은 양을 마실 수는 없었던 것 같습니다. 덕분에 큰 문제에 이르지는 않았습니다.

일본이 처음으로 부닥친 심각한 약물 문제는 '필로폰'입니다. 필로폰은 상품 이름이고 사실은 암페타민 종류의 각성제

[•] 직역하면 이름 없는 약물 의존자들.

입니다. 제2차 세계 대전 중에 일본군은 병사들의 사기를 높이거나 군수 공장 사람들을 밤새워 일을 시키기 위해 이 각성제를 이용했습니다. 가미카제 특공대*가 출격하기 전에 각성제를 사용했다는 이야기는 유명합니다. 참고로 전쟁 중에는 미군과 독일군도 각성제를 이용했습니다. 전쟁은 이처럼 약물과 연결되기 쉽습니다. 전쟁이 끝나자 군사용 필로폰이 세간에 나돌았고, 금세 남용하는 사람이 늘었습니다. 이에 위기의식을 느낀 정부는 1951년에 '각성제 단속법'을 제정하였고, 법률로 규제하자 필로폰 문제는 일단 진정되었습니다.

1950년대에는 가나가와현 요코하마를 중심으로 헤로인이 문제 된 때가 있었습니다. 한번은 요코하마 항에 도착할 예정이던 헤로인을 실은 배가 폭풍우를 만났습니다. 그로 인해 국내에 헤로인이 부족해지면서 금단 증상으로 픽픽 쓰러지는 사람이 속출했습니다. 당황한 정부는 1953년 '마약 및 향정신약 단속법(통칭 마약 단속법)'을 제정합니다. 그러자 헤로인 문제 역시 일단 진정되었습니다.

비슷한 시기에 알코올 문제도 눈에 띄기 시작했습니다. 이

●　　자살 공격을 하는 부대.

는 사람들의 생활이 풍요로워지기 시작했음을 말해 주는 것이기도 했습니다. 특별한 행사나 축제 때만 마시던 술을 일상적으로 마실 수 있게 되었다는 뜻이니까요. 그런데 쉽게 술을 마실 수 있게 되자 적정 수준 이상으로 마시는 사람이 나타났습니다. 일본에서는 이렇다 할 효과가 있는 치료법을 발견하지 못한 채 1958년, 미국의 알코홀릭·어나니머스를 본떠 '금주회'가 결성되었습니다. 일본의 자조 그룹입니다. 1963년에는 가나가와현의 국립 요양소 구리하마 병원(지금의 구리하마 의료 센터)에 일본 최초의 알코올 의존증 전문 병동이 생기고 의료 대책도 마련되었습니다. 술은 이미 사람들 생활의 일부가 되었기 때문이었지요. 그러나 알코올에 관해 법률로 규제하는 일은 없었습니다.

1970년대가 되자 가라앉았던 각성제 문제가 다시 한번 수면 위로 떠올랐습니다. 일본의 경제 성장에 그림자가 드리워지고, 반사회 세력이 자금을 마련하기 위해 밀조를 시작한 것입니다. 이때 나돌던 각성제는 필로폰보다 강해서 건강 피해가 심각했고, 검거되는 사람이 줄을 이었습니다. 각성제를 사용했던 사람이 잔학한 사건을 일으키는 일도 있어서 약물에 대한 대중의 혐오감이 엄청났었지요. 1980년대 후반에는 '각성제를 그만둘 겁니까, 아니면 인간이기를 그만둘 겁니까?'라는 강렬한 문구를 앞세운 각성제 추방 캠페인이 벌어지기도 했습니다.

이윽고 버블 경제°가 붕괴했습니다. 앞이 보이지 않는 불경기가 이어지던 1990년대에는 또다시 각성제로 검거되는 사람이 급증합니다. 이전과 달라진 점은 각성제가 젊은이들 사이에서 퍼졌다는 사실입니다.

2010년대에는 엄격한 단속을 피해 '위험 약물'이 폭발적으로 유행했습니다. 이 무렵에는 저도 치료 현장의 최전선에 있었는데, 병원이 환자로 넘쳐 나서 정신이 없었지요. 위험 약물은 불법 약물의 화학 구조식을 개조해 교묘하게 법망을 빠져나가는 약물인데, 개조한 것이 나돌면 정부가 규제합니다. 그러면 한동안 잠잠하다가 다르게 개조한 새로운 약물이 나돌고, 정부는 또다시 규제합니다. 그런 개조와 규제의 쳇바퀴가 몇 년 동안 이어졌습니다. 결국 '기본 성분이 같으면 아무리 개조해도 아웃!'이라는 규제가 생기고, 판매점 단속 규제도 강화되면서 위험 약물 문제 역시 표면적으로는 끝납니다.

● 1980년대 후반의 호황기.

규제만으로는 해결할 수 없어

이렇게 돌아보면 일본의 약물 대책은 알코올이라는 예외가 있다 하더라도 '규제'를 중심으로 이루어졌다는 사실을 알 수 있습니다. 제 생각에는 전 세계를 놓고 봤을 때도 불법 약물 종류의 다양성, 단속의 엄격함 그리고 처벌의 무게는 일본이 세계 제일입니다. 그 이유는 필로폰 유행 시기에는 각성제 단속법, 헤로인 유행 시기에는 마약 단속법으로 규제해 약물 제압에 성공했기 때문이겠지요.

이 시기를 지나오며 일본에서는 '약물 대책=처벌'이라는 공식이 만들어지고 말았습니다. 그래서 약물 의존은 병이 아니라 범죄로 취급되고, 의존증에 걸린 사람들은 편견 어린 시선을 받아 왔습니다.

그러나 약물 의존증에 빠진 사람을 교도소에 넣는다고 해서 문제가 해결되지는 않습니다. 앞 장에서 쓴 것처럼 그들이 약물에서 벗어나기 위해 필요한 것은 처벌이 아니라 치료와 지원이기 때문입니다.

일본의 약물 대책 역사를 소개할 때 "일단 진정되었습니다.", "표면적으로는 끝나게 됩니다."라는 식으로 표현한 이유는 정말로 진정되었다거나 끝났다고 생각하지 않기 때문입니다. 사실 불법 약물을 엄격하게 규제한 그때를 경계로 오히려 마약 사범의 수가 늘어났습니다.

이는 무엇을 의미할까요? 각성제로 교도소에 들어갔던 사람의 70퍼센트 가까이가 다시 같은 죄로 교도소로 돌아왔습니다. 왜 그랬을까요?

안타깝게도 일본은 아직 치료 환경이나 지원 체계가 제대로 갖춰졌다고 할 수 없는 상황입니다. 형기를 마치고 사회에 나왔을 때 마땅히 받아야 할 지원을 받을 수 있는 사람은 극히 일부에 지나지 않습니다. 불법 약물에 손을 대서 일단 범죄자 낙인이 찍히면 이전에 속해 있던 커뮤니티에 돌아가고 싶어도 돌아갈 수 없는 경우가 대부분입니다. 사람들의 따가운 눈총을 받고, 일도 얻지 못하고, 소중한 사람과의 관계까지 끊어지고, 결국에는 살아갈 희망마저 잃고 마는 것입니다. 살아갈 희망을 잃은 사람은 어떻게 할까요? 어쩔 수 없이 다시 약물에 손을 뻗게 됩니다.

그렇다고 '약물은 규제하지 않는 편이 좋다.', '형벌은 없는 편이 낫다.'고 주장하려는 것은 아닙니다. 사람들의 건강과 커뮤니티의 안전을 지키기 위해서는 일정한 규칙이 꼭 필요합니다. 하지만 오늘날의 일본이 취하는 방식은 '물질'을 규제하는 데에만 치우쳐 '사람'을 등한시하고 있는 것 같습니다.

의존증에 빠지는 사람 대부분은 고민이나 괴로움, 마음의 상처를 안고 있습니다. 적어도 저는 그렇게 생각합니다. 그들은 어떻게든 살아가려고 매달리듯 약에 손을 댑니다. 커뮤니티를 다수에게 편안한 곳으로 만들기 위해 소수를 까닭 없이 싫어하거나 배제하는 것은 잘못된 일이 아닐까요? 주인공은 역시 약물이라는 '물질'이 아니라 '사람'입니다. 비록 불법 약물을 사용했다 하더라도 사랑받아 마땅한 한 사람의 인간입니다. 그 사람의 삶의 방식을 배려하면서 회복을 향한 길을 마련해 줘야 하지 않을까요?

처벌에서 치료와 지원으로

여기서 다시 한번 해외의 약물 대책에 눈을 돌려 봅시다. 최근 유럽과 미국에서는 약물 문제에 접근하는 새로운 방식이 주목받고 있습니다. 바로 '손실 감소 정책Harm reduction'입니다. 이 생각의 밑바탕에는 과거의 쓰라린 경험에서 얻은 깨달음이 자리하고 있습니다.

여러 국가가 협력하여 국제적으로 약물 문제와 씨름하기

시작한 것은 1961년의 일입니다. 이해에 국제연합®이 마약에 관한 조약을 만들어 법 규제와 형벌로 약물을 통제하려 했습니다. 그러나 이 시도는 완전 실패로 끝났습니다. 반사회 세력이 약물 거래를 좌지우지하게 되면서 전 세계에 헤로인과 코카인 생산량이 오히려 증가하고, 약물 과잉 복용으로 사망하는 사람이 속출하는 결과를 가져왔습니다. 미국 금주법의 전철을 밟은 것입니다.

게다가 약물이 퍼지면서 HIV 감염증(에이즈) 환자가 급증하는 새로운 비극을 불러왔습니다. 약물을 주입할 때 여러 사람이 같은 주사기를 돌려 가며 썼기 때문입니다. HIV 감염증은 젠더(사회적인 성의 구별) 문제, 마이너리티(소수자) 문제 그리고 약물 문제와 모두 관련이 있습니다. 감염 경로가 다양하므로 HIV 감염증을 무조건 성적 소수자를 공격하는 도구로 쓰는 것은 문제가 있지요. 성적 소수자는 소수자로서의 괴로움 때문에 약물을 사용하고, 그 괴로움의 배경에는 세상의 편견과 차별이 있습니다. 다행히 한 사람 한 사람이 더 자유롭게 살 수 있는 사회를 만들어 나가자는 분위기가 형성되어 사람

● 　UN. 평화 유지와 사회 발전을 목적으로 하는 국제기구.

들의 호응을 얻으며 고조되었고, 그렇게 해서 손실 감소 정책이 탄생했습니다.

손실 감소 정책Harm reduction은 직역하면 '피해 감소'입니다. 중요한 것은 약물을 강제로 끊게 하기보다 건강 피해를 줄이는 것, 나아가서는 생명을 지키는 것이지요. 손실 감소 정책은 이러한 방침에 따라 약물을 사용하지 않을 수 없게 된 사람을 처벌하는 대신 치료와 지원으로 이어 주는 시도입니다. 때로는 청결한 주사기를 건네고, 위험이 적은 약물의 사용 방법을 지도합니다. 식사를 내주거나 생활 상담을 해 주기도 합니다. 그리고 치료 프로그램이나 자조 그룹 정보를 제공해서 네트워크를 만듭니다. 포르투갈, 네덜란드, 오스트레일리아, 캐나다 등 이미 여러 국가가 이 방법으로 큰 성과를 거두고 있습니다.

이 같은 흐름을 타고 2014년, 세계보건기구WHO는 전 세계의 선진국에 '약물 문제를 범죄로 여기지 말고 건강 문제로 취급하도록' 요청했습니다. 지금은 국제적으로 손실 감소 정책이 의존증을 치료하는 큰 흐름이 되었습니다.

일본과 한국도 이러한 세계의 움직임에 발맞춰 조금씩 변화하고 있습니다. 치료 프로그램을 제공하는 의료 기관도 늘고 의사, 정신건강복지센터, 자조 그룹 등이 힘을 합쳐 한 걸음씩 전진하고 있지요.

슬플 땐 울어도 돼

세계와 일본의 알코올 대책에 어떤 차이가 있는지도 한번 살펴보지요. 일본이나 한국은 외국의 여러 나라와 비교했을 때 불법 약물에는 엄격하지만, 알코올에는 너그럽다고 할 수 있습니다. 일정 연령이 될 때까지 음주를 금지하는 것은 많은 나라에서 공통으로 시행합니다. 그런데 일본이나 한국처럼 24시간 술을 살 수 있는 나라는 드뭅니다.

대부분의 선진국에서는 오후 9시 이후에는 알코올 종류를 팔지 않고, 휴일에는 아예 판매하지 않는 나라도 있습니다. 북유럽의 핀란드에서는 알코올 도수가 높은 술은 편의점이나 마트에서는 판매가 금지되어 있고, 정부 직영 전문점에서만 살 수 있습니다. 공원이나 해안 등 공공장소에서 술을 마시기만 해도 유치장으로 가는 나라가 있는가 하면, 술에 취해 길거리에서 소란을 피우면 경찰서의 보호실에 가두는 나라도 있습니다. 이처럼 엄격하게 대응하는 이유는 알코올이 개인에게 끼치는 건강 피해와 타인에게 끼치는 피해가 많은 약물 가운데 단연 1등이라 할 만큼 심각하기 때문입니다.

같은 약물이라도 나라에 따라 규제하는 방식이 서로 다릅니다. 모순투성이인 이 상황을 어떻게 받아들이면 좋을까요? 결국 약물 규제가 반드시 과학적인 근거나 건강에 대한 배려에 의해 이루어지는 건 아니라는 뜻이겠지요. 각각의 문화나 종교, 역사적인 우여곡절을 거치면서 규제되는 약물이 있는가하면 그렇지 않은 약물도 있습니다. '이 약물은 악하다!'고 전세계 공통으로 단언할 수 있는 약물 같은 건 없습니다.

"그렇다면 그냥 모든 약물을 다 인정해도 되는 거 아니야?"

이렇게 주장하는 사람도 있겠지만 그래도 저는 '약물은 사용하지 않는 편이 낫다.'고 생각합니다. 그 이유 가운데 하나가 의학적으로 봤을 때 몸에 좋지 않기 때문입니다. 이것은 일본이나 한국에서 합법인 약물에도 적용되는데 카페인, 알코올, 니코틴 모두에 해당합니다. 이러한 약물은 소량 복용할 경우, 활력을 주거나 마음을 편안하게 해 줍니다. 그러나 양이 지나치면 해가 됩니다.

그리고 또 하나, 특히 10대인 여러분은 약물을 사용하지 말아야 할 이유가 있습니다. 이 장 앞부분에서 설명한 뇌 이야기와 관련이 있는데요, 뇌는 보상 회로를 이용해서 학습한다고 했지요. '반복적인 노력으로 성과를 얻는다.', '열심히 해서 남들에게 인정받는다.' 이런 식으로 노력하는 과정을 통해 쾌감을 얻고, 새로운 지식을 취하거나 다른 사람과 유대 관계를 쌓습니다.

그중에서도 10대인 여러분은 지금 활발하게 이를 행하고 있습니다. 저처럼 나이를 먹으면 책을 읽거나 음악을 들으면서 감동하는 일이 많지 않습니다. 슬프게도 '아, 이런 식의 이야기군.', '과거에 유행했던 곡이랑 비슷하네.' 하는 식으로 과거의 경험에 비추어 생각하게 되지요. 하지만 여러분의 뇌는 아직 자극에 민감해서 천연 도파민을 많이 내보내고, 엄청난 기세로 배움과 성장을 반복합니다. 그런 시기에 약물의 힘을 빌려 도파민을 나오게 하면 본전도 찾지 못합니다. 아무것도 배우지 못하고, 성장하지 못하고, 자기 힘으로 생각하지도 못하게 됩니다. 그러므로 약물은 사용하지 않는 게 좋습니다.

"고민이나 고통, 마음의 상처를 안고 있는 사람은 그냥 견딜 수밖에 없는 건가요? 마음의 아픔을 완화해 줄 건 약밖에 없는데……."라고 물어 오면 무슨 일이 있어도 안 된다고 딱 잘라 말하기가 어렵습니다. 하지만 그럼에도 약물은 사용하지 않는 게 좋다는 생각에는 변함이 없습니다. 지금 마음의 아픔을 견디고 있는 사람에게는 믿기 어려운 이야기일지 모르지만, 정신과 의사로서 많은 사람의 삶을 보아 온 제가 할 수 있는 말은 '약물의 힘을 빌리지 않고 받아들인 경험은 그게 무엇이든 언젠가 반드시 도움이 된다.'는 것입니다. 괴로운 경험, 슬픈 경험, 외로운 경험은 약한 사람이나 곤경에 빠진 사람들의 공감을 불러일으킵니다. 소수자에게 마음을 두는 이해심과 곤경에 빠진 사람에게 손을 내미는 친절함이 사람으로서의 매력이 되어 여러분 인생에 깊이를 더해 줄 겁니다.

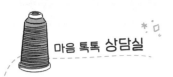

의존증인 친구를
어떻게 대해야 할까?

Q 반 친구가 의존증에 빠진 것 같아요.

같은 반 아이가 의존증에 빠진 것 같습니다. 그 친구는 학교에 오다 말다 했는데, 학교에 오면 자리도 가깝고, 또 같은 모둠이어서 말할 기회도 있습니다. 친절하게 대해 줘야 한다고 생각하면서도, 의존증이라는 말을 들으니 왠지 무섭네요. 어떻게 대하면 좋을까요?

체다 여자 중학교 3학년 네즈호

A 시시껄렁한 이야기를 하면서 함께 웃어 보세요.

중학생 때 저도 네즈호 학생과 비슷한 일을 겪은 적이 있습니다. 무섭게 느끼는 것도 이해됩니다. 솔직히 말하면 그때 저는 아무것도 하지 못했습니다. 하지만 네즈호 학생은 이렇게 상담해 주었네요. 고맙습니다.

제가 할 수 있는 조언은 이전과 똑같은 태도로 대해 주면 된다는 말입니다. 특별히 친절하게 대할 필요는 없습니다. 걱정되는 마음은 알겠지만, 크게 슬퍼할 일은 아닙니다. 속상해하는 표정을 짓고 있으면 친구는 '나 때문에 저러나?' 하며 오히려 신경을 더 쓸 테니 평소처럼 대해 주세요.

누군가와 시시껄렁한 이야기를 나누면서 웃으면 즐겁지요. 좋아하는 만화 이야기나 재미있는 영화 이야기도 모두 좋습니다. 웃고 떠들 때는 안 좋은 일도 잊어버리잖아요. 그런 시간이 의외로 중요한데, 이런 시간을 함께 나눌 수 있는 사람은 가족보다는 아무래도 친구겠지요.

어쩌면 네즈호 학생 부모님은 그런 아이와 친하게 지내면 안 된다고 말할지도 모릅니다. 그런데 그 의견이 과연 정당한 것일까요? 자기 나름대로 판단하고 행동하는 게 좋을 것 같습니다.

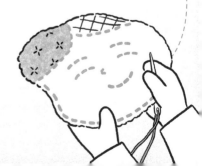

제4장

내가 '나'로
존재하기 위해서

행위에 대한 중독 ①

사례

게임을 그만둘 수 없었어요

— 가이토(중학교 1학년)

가이토는 목표를 향해 노력할 줄 아는 아이입니다. 기계를 좋아
해서 상담 당시 제가 직접 개조한 자동차에 흥미를 보이더군요.
만난 지 얼마 안 되었을 때는 과묵했는데 수다를 떠는 것도 싫
어하지는 않는 것 같습니다. 회복하고 나서는 마음이 잘 통하는
친구도 생겨서 전학 간 학교에서는 로봇 동아리에 들어갔다는
이야기를 들었습니다.

가이토는 그 지역에서는 모르는 사람이 없는 명문 사립 중학교 1학년생입니다. 지난해까지 다니던 공립 초등학교에서는 선생님과 친구들에게 인정받는 학생이었습니다. 항상 시험에서 좋은 성적을 거뒀으니까요. 수업 중에 아무도 풀지 못할 것 같은 어려운 문제가 나오면 선생님은 늘 가이토를 지목했고, 가이토는 칠판 앞에 서서 술술 답을 적어 내려갔습니다. 모두가 대단하다고 수군거렸지요.

어른들은 가이토를 '신동'이라고 불렀습니다. 교육열이 높았던 가이토의 부모님은 아들이 그렇게 불린다는 사실에 뿌듯해했습니다. 실력을 더 향상시키고 싶어 4학년부터는 입시 학원에 보냈습니다. 부모님은 학원이 끝나는 시간에 맞춰 차로 데리러 가서 직접 만든 도시락을 건네며 "함께 힘내자!"라고 말했습니다. 가이토는 정말 최선을 다했습니다. 그리고 보란 듯이 중학교 수험을 통과했습니다.

상태가 안 좋아지기 시작한 것은 중학교 1학년 1학기, 기말 시험부터였습니다. 그럭저럭 잘 따라가고 있다고 생각했는데 성적을 받아 보니 중하위권이었습니다. 1등이 당연했던 가이토에게는 충격적인 사건이었습니다. 다음 시험에서도 중간 이하의 성적을 받았습니다. 숙제는 물론이고 예습과 복습도 빠짐없이 했는데, 전교 1위를 다투기는커녕 평균 점수 앞뒤에서 오락가락하고 있었지요. 모두가 부러워하는 명문 학교에는 가이토보다 공부를 잘하는 아이가 차고 넘쳤습니다.

1학기를 마치는 날, 부모님이 성적표를 보여 달라고 했고, 가이토가 마지못해 건넨 성적표를 열어 본 부모님은 낙담하고 말았습니다. 그럴 만했습니다. 특기였던 수학과 물리 과목이 간신히 중간 정도였고 다른 과목은 형편없었으니까요.

가이토는 얼마 전부터 스마트폰 게임을 하기 시작했습니다. 명문 중학교에 합격한 선물로 부모님에게 받은 스마트폰에 무료 게임 앱을 내려받았지요. 처음에는 공부하다가 기분 전환이 필요할 때 잠깐씩 했습니다. 두 시간 정도 책상에 앉아 있으면 그 보상으로 게임 앱을 열어 머리를 식혔던 것이지요. 그런데 1학기를 마칠 무렵에는 학교에서 돌아오자마자 방에 틀어박혀 게임을 하고, 저녁 식사를 한 뒤 욕실에 들어가서 또 게임을 했습니다. 생활 패턴이 그렇게 굳어지고 말았습니다.

2학기가 시작되자 게임하는 시간이 더 늘어났습니다. 공부는 뒷전이고 성적은 뚝 떨어졌습니다. 하지만 게임의 세계에서는 잘나갔습니다. 친구들보다 용돈이 많았던 가이토는 게임 아이템을 사서 레어 아이템과 강한 캐릭터를 차례로 손에 넣었습니다. 공략법을 암기한 덕분에 스코어가 쭉쭉 올라갔습니다. 플레이어끼리 맞붙었을 때는 꽤 높은 스테이지까지 올라갔고, 게임 친구들에게 '그 전략, 완전 멋짐!', '신인 줄!' 같은 찬사를 받았습니다.

게임에 흠뻑 빠진 가이토는 자는 시간도 아껴 가며 게임을 했습니다. 그런데 아들 방의 불이 늦은 밤까지 켜져 있는 것을 눈치챈 부모님은 곧바로 '게임 금지' 명령을 내렸습니다.

그러자 가이토는 게임을 할 때 방의 불을 껐습니다. 스마트폰 화면의 불빛이 새어 나오지 않게 이불까지 뒤집어썼습니다. 새벽녘이 되어서야 잠을 자는 바람에 아침에는 도저히 일어날 수가 없어 학교 수업을 빠지기 일쑤였습니다. 가이토는 그래도 상관없다고 생각했습니다. 그때는 이미 성적이 최하위권으로 떨어져 있어 학교에 가는 일 자체가 싫어졌던 것입니다. 초등학교에서 이 중학교로 진학한 사람은 가이토 혼자여서 친한 친구도 없었습니다. 한편 게임 아이템을 구입하는 데 쓴 돈은 언젠가부터 용돈으로는 감당할 수 없는 금액으로 불어나 있었습니다.

휴대 전화 요금 청구서를 보고 놀란 부모님은 결국 화가 폭발해 가이토에게서 스마트폰을 압수하려 했습니다. 우격다짐으로 휴대 전화를 빼앗으려 하자 가이토는 욱해서 그만 엄마를 때리고 말았습니다. 이를 본 아빠가 가이토를 때렸습니다. 가이토도 가만있지 않았습니다. 지난 1년 동안 키가 부쩍 자란 가이토는 아빠도 쉽게 제압하지 못할 정도였습니다. 주먹다짐을 하는 두 사람 앞에서 울부짖는 엄마. 집 안에 날카로운 공기가 가득했습니다.

신동이라고 불릴 만큼 똑똑했던 가이토는 명문 사립 중학교에 진학한 이후로 이도 저도 잘 풀리지 않았습니다. 그가 빠진 것은 게임이었습니다. 제1장과 제2장에서 소개한 것처럼 뇌에 작용하는 어떤 물질에 의존하는 것을 '물질 의존'이라고 부릅니다. 하지만 게임은 '물질'이 아닙니다. 그것을 하는 '행위'이지요. 가이토처럼 어떤 특정 행위에 의존하는 것을 '행위 의존'이라고 부릅니다. 이번 장에서는 행위 의존에 관해 생각해 봅시다.

여러분도 '게임 의존증' 혹은 '게임 중독'이라는 말을 들어보았을 겁니다. 행위 의존의 하나인 게임 의존은 게임을 너무 많이 해서 일상생활이 어려워진 상태를 가리키는데, 최근 몇 년 사이 화제에 오르는 일이 부쩍 많아졌습니다. 2019년 WHO가 게임 의존증을 병으로 인정했기 때문입니다.

게임 의존증 이야기를 하기에 앞서 제가 게임을 부정할 생각이 없다는 사실부터 밝히고 넘어가려 합니다. 게임을 하면 즐겁고 재미있고 속이 개운해집니다. 저 역시 게임에 빠졌던 적이 있었기 때문에 게임의 장점도 충분히 이해합니다. 다만, 가이토는 게임에 몰두한 나머지 그 외의 것이 보이지 않게 되어 문제인 것입니다. 평소답지 않게 부모님을 때리는 행동을 했고, 좋았던 가족 관계까지 삐걱거리게 만들었습니다. 아무리 게임이 재미있어도 가이토 역시 이렇게까지 되는 걸 원하지는 않았을 겁니다. 우리는 왜 게임에 끌리는 걸까요? 그리고 게임을 어떤 식으로 대하는 게 좋을까요? 지금부터 생각해 봅시다.

게임이 재밌다기보다 현생이 힘들어서

게임 의존은 아이부터 어른까지 모두에게서 발견됩니다. 하지만 비율로 따지면 젊은 사람이 많습니다. 젊은이 가운데서도 대학생 이상은 대부분 장비를 갖추고 플레이합니다. 주로 데스크톱 컴퓨터에 헤드셋을 끼고 게임용 의자에 앉아서 하지요. 한편 게임 의존에 걸리는 중고생은 가이토처럼 스마트폰을 사용하는 경우가 많습니다. 스마트폰에는 무료로 놀 수 있는 앱이 얼마든지 있고, 화질도 꽤 괜찮습니다. 게다가 무엇보다 손쉽게 할 수 있습니다.

저는 게임 의존 문제를 부추긴 원인 가운데 하나가 스마트폰이라고 생각합니다. 지금은 언제 어디서나 스마트폰을 몸에 지니고 다니는 것이 당연한 일이 되었습니다. 지갑은 까먹어도 스마트폰은 잊지 않고 챙기는 사람이 많을 겁니다. 이렇게 항상 손안에 있는 도구로 게임을 할 수 있는 것은 스마트폰이 등장하기 전에는 없었던 일입니다.

스마트폰 안에는 게임 말고도 마음에 드는 음악, 추억의 사진, 읽다 만 만화 등 좋아하는 것이 가득합니다. 자기만의 작은 방이라고 할 수 있지요. 반대로 말하자면 스마트폰 화면에 정신을 뺏기면 자기 방에 틀어박혀 있는 것과 같습니다. 가족이나 친구와 한 공간에 있어도 스마트폰으로 게임하는 동안은 자기 주위에 얇은 막이 생깁니다. 이런 눈에 보이지 않는 밀실 같은 감각이 게임에 몰두하도록 도와주는 것입니다.

게임에 빠지는 10대 가운데에는 다양한 유형의 아이가 있습니다. 제가 지금까지 만난 아이들 중에는 다음과 같은 사례가 있었습니다.

먼저 인간관계에 좌절한 아이입니다. 게임의 세계에서는 얼굴이나 이름을 밝히지 않아도 다른 사람과 친해질 수 있습니다. 또 아바타를 만들어 현실과는 다른 모습이 될 수도 있지요. 게임이라는 공통 관심사가 있기 때문에 대화가 끊길 일도 없습니다. 다른 사람과의 교류가 서툰 아이에게는 무척 매력적인 세계입니다.

자신감이 없는 아이가 게임에 몰두하기도 합니다. 이런 경우 스코어나 승패에 집착하기보다는 그저 묵묵히 플레이를 이어 갑니다. 단순 작업을 반복하면서 마음속의 개운치 않은 감정이나 떠올리고 싶지 않은 일을 의식의 한구석으로 몰아내는 것이겠지요. 학대나 따돌림을 당하고 있는 아이가 잔인한 게임을 좋아하는 사례도 있었습니다. 갈 곳 없는 분노를 쏟아 내거나 평소에는 터뜨릴 수 없는 자기 안의 공격성을 해소하는 것인지도 모릅니다.

하지만 이 모두를 의존증이라는 말로 한데 묶어 버리는 것은 조금 성급한 결론 같습니다. 일상생활이 숨 막히는 그들에게 게임은 마음의 균형을 지키기 위한 도구입니다.

물론 의존증 치료를 받는 것이 좋은 단계로 발전하는 경우도 있습니다. 그런 아이는 게임의 세계에서 칭찬받는 일이 많습니다.

　흔한 사례 가운데 하나는 지금까지 살아오면서 그다지 칭찬받지 못했던 아이가 게임으로 높은 점수를 내서 뿌듯함을 맛보거나 게임 친구에게 칭찬받아서 빠지게 되는 경우입니다. 제3장에 나온 의존증을 떠올려 보기 바랍니다. 도파민의 기분 좋은 느낌을 충분히 경험해 보지 못한 아이가 게임의 세계에서 생각지도 못한 칭찬을 들으면 어떻게 될까요? 다량의 도파민이 보상 회로를 자극해 지금까지 맛본 적이 없는 기쁨을 느끼게 됩니다. 그리고 그것이 강렬한 인상으로 뇌에 새겨지고, 그다음부터는 더 많은 도파민을 요구합니다.

　반대로, 칭찬받는 것에 익숙했는데 갑자기 칭찬받지 못하게 된 아이, 즉 칭찬에 굶주린 아이가 게임에 빠져드는 일도 있습니다. 명문 학교에 입학했지만 수업을 따라가지 못하거나, 운동 특기생으로 진학했는데 부상을 당해 운동을 포기해야 하는 등 원래 우등생이었던 경우입니다. 가이토가 좋은 예이지요. 칭찬받는 일에 익숙한 아이는 칭찬받는 자기로 있기 위해 다른 사람의 인정이 필요합니다. 남보다 뛰어나다고 생각했는데 사실은 평범한 인간이었다는 사실을 받아들여야 할 때 자신의 존재 이유가 송두리째 흔들립니다. 그 때문에 자신을 칭찬해 주는 곳을 찾다가 게임에 빠져드는 것입니다. 원래는 충분히 나오던 도파민이 갑자기 나오지 않자 견디지 못하고 게임의 세계에서 도파민을 얻으려 하는 것이지요.

물론 성적이 최상위권인 아이, 운동을 뛰어나게 하는 아이 가운데에도 '게임광'은 있습니다. 하지만 그런 아이는 자신의 생활 전체를 게임으로 채우지 않습니다. 게임 의존증에 빠지는 아이들을 보면 어떤 좌절을 안고 있다는 공통점이 있습니다. 그들은 어쩔 수 없는 초조함과 불안을 잠깐이라도 몰아내기 위해 게임에 몰두합니다. 행위 의존 역시 물질 의존과 마찬가지로 그 밑바탕에는 고민과 괴로움, 마음의 아픔이 자리하고 있습니다.

정신과 의사도 게임에 빠진다고?

이쯤에서 앞에서 살짝 언급했던, 제가 게임에 빠진 경험담을 들려 드리겠습니다. '꽤 여러 가지에 빠지는 의사네.'라며 비웃을지도 모르지만, 다들 말을 안 할 뿐이지 인간은 어른이 되어서도 이런저런 일을 저지르게 되어 있습니다.

그러니까 지금으로부터 25년 전, 제가 의존증 전문 병원에

울며 겨자 먹기로 부임했던 때의 일입니다. 그 병원 의사가 퇴직하는 바람에 누군가가 가야만 하는 상황이었고, 의사 5년 차였던 제가 본의 아니게 뽑혔던 것입니다. 이제 와서 생각해보면 그 부임이 제 경력의 시작이었지만 당시에는 좌천이라고 생각했습니다. 그도 그럴 것이 당시 의존증은 정신과 의사들 사이에서도 꺼리는 분야였거든요.

아직 풋내기라고는 하지만 5년 동안 나름대로 경험을 쌓으며 자신감이 약간 붙었던 때였습니다. 인턴* 시절에는 허둥대서 간호사에게 따가운 눈총을 받기 일쑤였던 저도 환자와 환자 가족에게 감사 인사를 받는 일이 많아지면서 '이제야 의사다워진 것 같다.'고 생각하던 참에 일어난 일입니다.

그러나 새로운 직장은 사정이 전혀 달랐습니다. 의존증 치료 경험이 부족했던 저는 어떻게 해야 좋을지 갈피를 잡지 못한 채, 눈물을 머금고 진료해야 했습니다. 어떤 방법을 써도 환자의 상태는 좋아지지 않았습니다. 돌팔이가 되었다는 생각밖에 들지 않았지요. 간호사와 약사 등 함께 일하는 사람들에게도 싫은 소리를 들었습니다. 아니, 그들이 싫은 소리를 한

●   의사 면허를 받고 임상 실습 중인 의사.

게 아니라 자격지심 때문인지 무슨 말을 들어도 '나를 멍청한 의사로 여기고 있으면서' 하는 생각밖에 안 들었습니다. 그러던 중 퇴근 후에 우연히 들른 오락실에서 '세가 랠리 챔피언십Sega Rally Championship'이라는 게임을 만났습니다.

솔직히 말하면 저는 그전까지 게임에 정신이 팔린 사람을 경멸하고 있었습니다. 그런데 직접 해 보니 재미있는 게 아니겠습니까? 그것도 아주 많이요. 세가 랠리 챔피언십은 '세계 랠리 선수권'이라는 모터 스포츠를 모티브로 한 게임인데, 모니터 안의 자동차를 조작해서 순위나 기록을 겨루는 게임입니다. 실제 자동차 운전석처럼 생긴 게임기는 커브를 돌 때 핸들에 저항이 걸리기도 하고, 카시트에 진동과 충격이 그대로 전달되는 등 너무 생생했습니다. 하면 할수록 실력이 늘고 랩타임도 빨라집니다. 게임 속 인물에게 '이 녀석, 실력이 대단한걸?' 하는 말을 듣기도 했습니다. 눈 깜짝할 사이 랠리 게임에 빠진 저는 퇴근 후 오락실에 들르는 것이 일과가 되었습니다. 오락실에 들어가자마자 세가 랠리 게임기 앞으로 가서 카시트에 몸을 맡기고 사막과 설원을 달렸습니다.

처음에는 일하면서 느낀 울적함을 달래기 위해 게임을 했습니다. 그런데 언젠가부터 진료 중에도 게임이 머리에서 떠나지 않았습니다. 조금만 틈이 생겨도 '오늘은 그 코스를 어떻게 공략할까?'를 생각하고, 병동으로 향하는 복도 모서리를 돌 때 드리프트하는 상상을 하기도 했습니다. 기분 전환으로 하던 게임이 점차 일에까지 스며들어 제 생활을 장악하기 시작했습니다.

간혹 아내에게 "요즘에 좀 늦게 오는 것 같은데?"라는 말을 들으면 오락실에 들르는 걸 꾹 참고 귀가하기도 했습니다. 하지만 저녁을 먹고 나면 게임하고 싶은 마음에 몸이 근질거려서 참을 수가 없었습니다. 결국 밤늦게 "나 좀 나갔다 올게." 하고는 집을 나왔지요. 그 모습은 누가 봐도 수상할 겁니다. "어디 가는데?"라고 묻는 아내에게 "뭘 좀 잊어버려서."라는 식으로 얼버무리며 오락실로 갔습니다. 심지어 일요일에도 아내 몰래 오락실에 들락거렸습니다. 쉬는 날에도 일부러 시간을 내서 찾아갔지요. "산책하고 올게." 하며 훌쩍 집을 나와 오락실로 향했습니다. 그 무렵에는 이미 상당히 실력이 늘어 있었기 때문에 "이 아저씨, 대단하다!"라는 소리를 들으며 중고등학생에게 둘러싸여 플레이하는 일도 있었습니다.

의존증 전문 병원 의사인 저는 문득 '이건 거의 의존증 상태인데?' 하는 생각이 들었습니다. 처음에는 일하면서 받은 스트레스를 풀기 위해 게임을 했는데, 어느샌가 게임을 하기 위해 일을 빨리 끝내려 하고 있었습니다. 목적과 수단이 뒤바뀐 것이지요. 게다가 실제 인간관계보다 게임을 우선시하게 되었습니다. 거짓말을 한 상대는 아내뿐이 아니었지요. 직장 동료와의 술자리에서도 "내일 아침까지 꼭 해야 할 일이 있어서 저는 먼저 갈게요." 하고 술집을 빠져나가 오락실에 갔습니다.

일은 뒷전으로 하고 사랑하는 사람에게 거짓말까지 했습니다. 인생의 우선순위가 흔들리고 있었지요. '이러면 정말 곤란하다. 이 나이 먹고 한심하지 않나? 오늘은 딱 500엔만 쓰자.' 하는 식으로 마음을 다잡았지만 소용없었습니다. 땀범벅이 될 때까지 돈을 쓰고 "나, 지금 뭐 하고 있는 거지?" 하고 중얼거리며 밤거리를 터벅터벅 걸었습니다. 그런 짓을 몇 번이나 반복했습니다.

그러고 나서 얼마 지나지 않아 저는 게임을 그만뒀습니다. 일에 재미를 느낀 덕분이었습니다. 의존증 치료에 제 나름의 손맛을 느끼기 시작했고, 저의 노력을 인정해 주는 사람도 생겨 일에 대한 의욕이 돌아왔습니다. 바람의 방향이 실제 생활 쪽으로 바뀌면서 자연스럽게 마음을 바꿀 수 있었습니다. 만약 일이 재미있다고 느끼지 못했다면 게임 중독이 더 심해졌을 가능성도 충분히 있습니다. 어쩌면 '마음껏 게임을 할 수 있을 만큼만 벌면 되지 뭐.' 하고 일에 매진하지 않았을지도 모르지요.

게임을 끊었기 때문에 할 수 있는 말인지도 모르지만 좌절된 상황을 극복하면서 새로운 직장에 적응하기 위해 당시의 저에게는 게임이 필요했다고 생각합니다. 객관적으로 보면 어른으로서 한심한 행동이었을 겁니다. 하지만 저는 게임이라는 공상의 세계가 마음먹은 대로 되지 않는 현실에서 저를 잠시 해방시켜 주었던 것 같습니다.

완벽하지 않아도 괜찮아

게임에 빠진 10대 여러분도 저를 본받아 노력으로 극복하라는 말이 아닙니다. 중학교에 올라가면 공부가 점점 어려워집니다. 더구나 대학 진학을 목표로 하는 학교는 일찍부터 내신 관리에 신경을 쓰게 만듭니다. 가이토는 성적이 좋지 않아 동급생들과 격차가 생기는 것에 견딜 수 없을 만큼 큰 불안감을 느꼈을 겁니다. 열등감에 시달리는 동시에 열성적으로 응원해 주었던 부모님에게 죄송한 마음도 들었겠지요. 그런데 이렇게 마음이 무너지고 있을 때 게임의 세계에서만큼은 인정받았습니다. 게임에 빠지게 된 가이토의 기분을 저는 알 것 같습니다.

가이토는 그 후 어떻게 되었을까요?

자랑스러운 아들이었던 가이토가 주먹을 휘두르자 깜짝 놀란 부모님은 재빨리 대응했습니다. 곧장 보건소에 가서 상담한 결과, 전문 병원에서 진료받는 게 어떻겠느냐는 권유를 받고 우리 병원을 찾았지요.

진료실에 들어오자마자 가이토의 부모님은 하소연하듯 그간의 이야기를 털어놓았습니다. 초등학생 시절의 아들이 얼마나 우수했고, 공부를 얼마나 열심히 했는지, 그리고 지금 이런 상황이 되어 얼마나 곤란한지를 말이지요. 그 순간에도 가이토는 스마트폰을 쥐고 게임을 하고 있었습니다. "이런 데 와서까지 해? 당장 그만둬!" 하며 아들을 꾸짖는 부모님을 말리고 저는 가이토에게 "게임하면서 들어도 괜찮아."라고 말했습니다. 가이토에게는 그편이 이야기하기 더 편할 거라고 생각했으니까요.

저는 게임을 끊지 않아도 되니까 그날 몇 시간 했는지 기록해 보라고 가이토에게 제안했습니다. 부모님에게 늘 게임을 끊으라는 말만 들어 왔던 가이토는 스마트폰 화면을 바라본 채로 있었지만 '이 사람, 이상한 말을 하네?'라고 생각하는 것 같았습니다.

이렇게 말하면 가이토의 부모님은 아들의 마음을 전혀 이해해 주지 못하는데 의사들은 자못 이해하는 것처럼 보이겠지요. 듣고 싶어 할 부분만 골라 말하면서 조금 치사하게 등장했나요? 그러나 의사들이 환자를 이런 식으로 대하는 이유는 당사자가 귀를 막고 있으면 아무것도 할 수 없기 때문입니다. 우선은 제가 하는 말에 귀를 기울일 만한 관계를 쌓는 일부터 시작해야 합니다.

아들이 게임에 빠졌다는 사실을 눈치채고 가이토의 부모님은 스마트폰을 빼앗으려 했습니다. 아들을 위한 행동이지만, '이 아이는 강하게 밀어붙이지 않으면 변하지 않는다.', '스마트폰을 빼앗지 않으면 그만두지 않을 것이다.' 하는 아이에 대한 불신감이 엿보이는 행동입니다. 저는 이런 방법은 추천하지 않습니다. '안 돼!'라는 한마디로 딱 잘라 버리면 대화를 할 수 없기 때문이지요. 누구든 안 된다고 하면 더 하고 싶고, 억지로 빼앗으면 되찾고 싶어집니다. 그러지 말고 '우선 게임하는 시간을 기록해 보자.'라거나 '건너뛰기 기능을 사용해서 시간을 단축해 보자.'라며 너그럽게 시작하는 편이 좋습니다. 물론 이런 방식으로 금방 좋아지지는 않습니다. 하지만 제대로 대화를 나눌 수 있는 관계만 쌓으면 조금씩 궤도를 수정할 수 있게 됩니다.

달리 말하자면 회복을 위해서는 부모가 제동을 걸어야 하는 경우도 있다는 말입니다. 가이토의 경우에는 그것이 의사가 해야 할 역할이었습니다. 자식을 걱정하는 마음은 저도 잘 압니다. 그러나 '지금은 게임이 필요하겠지만 이 아이는 게임과 운명을 같이할 정도로 바보는 아니야!' 하는 마음으로 아이를 믿고, 잠깐이라도 좋으니 기다려 주었으면 좋겠습니다. 제멋대로 하게 내버려 두라는 뜻이 아니라 지나치게 야단치지 말라는 뜻입니다. 본인이 스스로 회복하고자 하는 의지를 갖는 것이 회복으로 나아가는 가장 빠른 길이니까요.

다행히 가이토의 부모님은 예전 같으면 참견했을 만할 상황에서도 꾹 참아 주었습니다. 또 가이토의 기분을 헤아리면서 대화할 기회를 자주 마련했습니다. 그리고 가족끼리 의논한 끝에 전학을 가기로 했지요. 수준이 아주 높지 않은 학교로 전학을 갔기 때문에 다시 한번 열심히 공부해 보겠다는 의욕이 생겼을 겁니다. 가이토는 이따금 게임을 하면서도 자기 페이스대로 다시 공부하게 되었습니다. 얼마 지나지 않아 자신감을 다시 찾고, 새로운 학교에서 친구도 사귀었지요. 그러다 보니 이전만큼 게임을 하고 싶다는 생각이 들지 않게 되었습니다.

가이토가 1년도 되지 않아서 회복할 수 있었던 것은 조기에 치료받았기 때문입니다. 조기에 치료받아야 좋은 이유는 아직 다른 사람과의 관계가 끊어지지 않았을 가능성이 높고 미래에 대한 희망이 남아 있기 때문입니다. 만약 게임 의존을 방치했다면 어떻게 되었을까요? 간신히 고등학교에 진학한다 해도 의존이 심해져서 학교를 중퇴했을지도 모릅니다. 이를 받아들이지 못하고 방 안에 틀어박혀 게임에 빠져 있으면 그 다음에는 사람들 앞에 나서는 일이 두려워졌을지도 모릅니다. 희망을 잃고, 친구와의 만남도 끊기고, 가족과의 관계조차 위태로워지면 점점 더 게임의 세계로 도망칠 수밖에 없겠지요.

물론 행위 의존이 반드시 점점 심해진다는 법은 없습니다. 제 경험이 좋은 예인데, 실제 생활이 변하면서 자연스럽게 스스로 끊는 경우도 있습니다. 중요한 것은 본인 스스로 깨닫고 발을 내디디는 일입니다. 그 순간을 기다리다가 진학을 못 하는 경우도 있을 겁니다. 하지만 그렇게 돌아가는 길 역시 인생의 자양분이 되어 줄 테니 걱정할 필요는 없습니다. 유급이나 재수, 여러 번의 노선 변경을 거쳐 행복한 삶을 보내고 있는 사람은 얼마든지 있으니까요.

SNS를 하는 세 가지 이유

스마트폰은 이제 우리 생활에 없어서는 안 될 도구입니다. 그리고 스마트폰을 사용하는 많은 사람이 SNS를 이용하고 있습니다. 의존이라고 할 정도는 아니어도 SNS를 몹시 신경 쓰는 사람이 여러분 주위에도 있지 않나요? 이번에는 SNS와 관련된 몇 가지 사례를 소개하겠습니다.

첫 번째 사례의 주인공은 중학교 3학년인 리호입니다. 리호는 매일 밤 침대에서 몇 시간씩 스마트폰 화면을 들여다봅니다. 또래 친구들의 SNS를 살피기 위해서지요. 그중에는 같은 학교 동급생도 있습니다. 리호 스스로 무언가를 업로드하는 일은 거의 없고, 그저 보기만 할 뿐입니다. 만 명 단위의 팔로워를 가진 SNS 인플루언서들의 생활은 반짝반짝 빛나 보입니다. 그들의 SNS에는 최근 유행하는 메이크업이나 어른스러운 패션, 화제의 디저트 등 리호가 접할 수 없는 것들이 넘쳐 납니다. 그들끼리 최신 핫 플레이스에 가거나 화려한 파티를 열기도 합니다. 그에 반해 리호 자신의 생활은 어찌나 평범하고 단조로운지 모르겠습니다. 보면 볼수록 자신이 싫어지고, 왠지 모를 찜찜함 때문에 잠도 오지 않습니다. 그럴 바에는 보지 않으면 될 텐데 도저히 안 볼 수가 없습니다.

두 번째 사례의 주인공은 중학교 1학년인 아오이입니다. 아오이는 SNS에 비공개 비밀 계정을 가지고 있습니다. 이른바 '뒷계정'이지요. 학교에서 짜증 나는 일이 있거나, 부모님의 잔소리가 지긋지긋할 때 등 응어리진 감정을 그곳에 토해 냅니다. 조용한 성격이어서 평소에는 공격적인 말 같은 건 하지 않지만, 그곳에서는 완전히 딴사람이 됩니다. 참고로 공개 계정에는 취미인 일러스트레이션과 집에서 기르는 거북이 사진을 올려놓고 있습니다.

세 번째 사례의 주인공은 중학교 2학년인 하루나입니다. 초등학생 때 반에서 따돌림을 당한 뒤로 아무리 노력해도 자기 자신을 좋아할 수가 없습니다. 부모님은 일하느라 바빠서 하루나를 챙길 여유가 없습니다. 항상 혼자 외롭게 지내던 하루나는 우연히 SNS에서 알게 된 사람과 연락을 주고받는 일에 점점 빠져들었습니다. 하루나가 '내가 잘못한 거지 뭐.'라고 메시지를 보내면 그 사람은 '너는 잘못한 거 없어.'라고 답해 줍니다. 그 사람은 괴로울 때나 외로울 때, 항상 하루나가 원하던 말을 해 주었습니다. 마침내 그가 '사랑해.'라는 세 글자를 보내왔을 때 하루나는 기쁨에 떨었습니다. 얼굴도 모르는 상대이지만 이 사람만 있으면 살 수 있다고 생각할 정도였습니다. 그런데 '나도 사랑해.'라고 답하자마자 그 사람의 반응이 180도로 달라졌습니다. 신체 사진을 요구하기 시작한 것입니다. 무서웠지만 그 사람을 잃는 일은 상상조차 할 수 없었지요. 고민 끝에 하루나는 그 사람의 요구를 들어주었습니다.

리호, 아오이, 하루나의 사례를 읽고 'SNS는 안 하는 게 낫다.'고 생각하는 사람도 있을지 모릅니다. 물론 SNS를 하지 않아도 하루하루를 알차게 보낼 수는 있습니다. 하지만 정보 수집의 도구로서, 또 소통의 창구로서 SNS가 편리한 것은 사실입니다. 그리고 정말로 SNS 그 자체가 나쁜 걸까요?

리호 같은 사례는 어른들에게서도 흔히 찾아볼 수 있습니다. 상처받을 거라는 사실을 알면서 보고, 볼 때마다 상처받습니다. 하지만 냉정하게 생각해 보기 바랍니다. SNS는 그 사람의 모든 것을 보여 주지 않습니다. 다들 자기 생활의 좋은 부분만을 요령껏 잘라 내서 보여 줄 뿐입니다. 단점이나 약점, 실패나 좌절이 전혀 없는 사람은 없습니다. SNS에서 보이는 반짝거림은 그 사람 생활의 극히 일부이기 때문에 어느 정도 고려해서 받아들여야 합니다. 저는 리호가 의존증이라고 생각하지 않습니다. 약간 사로잡혀 있을 뿐이지요. 자신의 실제 생활이 달라지면 스스로 해방될 수 있을 겁니다.

아오이의 뒷계정을 저는 찬성하는 쪽입니다. 특정한 개인을 비방하는 것은 좋지 않지만, 세상을 저주하는 건 상관없습니다. '멸망해라.' 혹은 '사라져 버려.'라고 쓸 때 그건 그것대로 마음속에 꿈틀거리는 감정의 압력을 낮추는 데 도움이 된다고 생각합니다. 부정적인 감정을 말로 표현하면서 '내가 지금 이런 식으로 느끼고 있구나.' 하고 한 발짝 떨어져서 객관적으로 자기감정을 바라볼 수 있으니까요. 모든 감정을 마음속에 가둬 두는 것은 괴로운 일입니다. 부모가 보면 깜짝 놀랄 만한 거친 표현이라 할지라도 뱉어 내는 행위를 통해 살아갈 수 있다면 뱉어 내면 됩니다. 생각을 말로 바꾸면 사고력과 표현력이 길러지는데, 이는 장래에 어떤 일을 하든 도움이 되는 능력입니다.

부모 중에는 가짜 아이디를 만들어 아이의 계정을 몰래 팔로우하는 사람도 있는데, 이는 잘못된 행동이라고 생각합니다. 아이가 부모에게 이야기하지 않는 것까지 굳이 알려고 하는 것은 사춘기 딸과 함께 목욕탕에 들어가고 싶어 하는 아버지 같은 행동이 아닐까 싶습니다. 부모에게 말하지 않고 무언가를 시작한다는 것은 아이가 자아에 눈을 떴다는 뜻이기도 합니다. 만약 부모에게 비밀이 하나도 없는 아이가 있다면 저는 그쪽이 오히려 걱정입니다.

그렇지만 하루나는 어떤 사건에 휘말릴 것 같아서 걱정됩니다. 실제로 이런 식으로 범죄 피해를 보는 사례가 있습니다. 그런데 SNS만 없으면 하루나에게 아무 일도 일어나지 않았을까요? 하루나는 누구에게도 말 못 할 마음의 아픔을 안고 있습니다. 그 근본 원인이 해결되지 않는 한, 그는 자신을 지키지 못했을 겁니다. 하루나에게 필요한 것은 SNS를 그만두는 일이 아니라 자기에게 손을 내밀어 주는 사람이 아닐까요?

수단으로서의 인터넷

게임 의존이나 SNS 의존은 '인터넷 의존증'이라는 단어로 한데 묶이기도 합니다. 이 때문에 인터넷이 악의 근원인 것처럼 보이지만, 인터넷은 현대인이 생활하는 데 빼놓을 수 없는 사회 기반 시설로 아무리 생각해도 단점보다 장점이 큽니다.

무엇보다 정보 수집 속도는 제가 중고등학생 때 고향의 작은 도서관에서 책을 뒤지던 시대와 비교할 수가 없습니다. 정보는 그만큼 살아가는 데 보탬이 됩니다. 많은 10대에게는 가정과 학교가 세상의 전부입니다. 하지만 그 바깥에는 더 큰 세상이 있고 매우 다양한 인생이 있습니다. 인터넷을 통해 세계를 확장하는 일은 삶의 선택지를 늘리는 일이기도 합니다.

또 학교나 주변의 실제 인간관계에서 벽에 부딪힌 사람에게 인터넷이 새로운 연결 고리를 만들어 주기도 합니다. SNS에 '죽고 싶다.'고 올린 사람끼리 힘을 주거나, 공통된 고민을 가진 사람끼리 서로 격려하기도 합니다. 은둔형 외톨이로 지내던 남녀가 온라인 게임에서 알게 된 후 사랑에 빠져 결혼까지 한 사례도 있습니다.

좀 더 이야기하자면 컴퓨터나 태블릿, 스마트폰 등의 정보 기기를 잘 다루지 못하면 일거리를 얻기도 어려운 것이 현실입니다. 제가 소년원에서 만난 어떤 아이는 어린 시절부터 부모가 방치하는 바람에 컴퓨터를 한 번도 접해 보지 못했습니다. 문제가 있는 아이일수록 고등학교에 진학하지 못하거나 고등학교를 중퇴하는 등 이른 나이에 교육에서 중도 탈락하는 경향이 있습니다. 그러기 전에 정보 기기를 접하고, 인터넷을 다룰 줄 알게 해 두는 것은 아이들의 장래를 생각했을 때 중요한 일입니다.

이처럼 인터넷은 장점이 더 크지만 단점도 존재합니다. 제가 생각하는 단점 가운데 하나는, 인터넷으로 얻은 정보를 아무 생각 없이 그대로 받아들일 위험입니다. 성교육 분야에서는 꽤 오래전부터 언급되고 있는 일인데, 평소에는 야한 농담 같은 건 절대 입에 담지 않는 아이가 혼자 있을 때는 어른도 깜짝 놀랄 만한 성인물을 보는 사례입니다. 그럴 경우 왜곡된 성적 가치관을 가지게 됩니다.

또 살인이나 전투를 주제로 한 게임 등 지나치게 폭력적인 내용이 미치는 영향도 걱정됩니다. 실제 생활에서 가족이나 친구와 인간관계를 맺고 있는 아이는 '현실은 현실, 게임은 게임'이라고 구분할 수 있기 때문에 크게 걱정할 필요가 없습니다. 그런데 인간관계에서 고립되고 발달 장애 경향까지 있는 아이는 다른 사람의 마음을 잘 헤아리지 못합니다. 그런 아이의 경우, 게임의 리얼리티가 현실을 넘어서서 다른 사람을 상처 입히는 것에 대한 거부감을 덜 느낄 가능성도 부정할 수 없습니다.

또 한 가지, 이것을 단점이라고 할 수 있을지 모르겠지만 인터넷이라는 미디어의 최대 특징은 '속도'에 있다고 생각합니다. 예를 들어 책 한 권 분량의 활자를 읽는 데는 그만큼의 시간이 필요합니다. 영화도 두 시간 정도 되는 줄거리를 따라가지 않으면 결말에 이르지 못합니다.

그에 반해 여러분이 보는 인터넷 콘텐츠 대부분은 겨우 몇 분짜리 영상이나 몇 장짜리 사진을 중심으로 빠르게 진행됩니다. 사실 인기 있는 게임이나 앱을 개발하는 어른들은 디지털 미디어가 아닌 슬로 미디어에서도 많은 자극을 받고, 거기서 갈고닦은 감성을 살려 그린 놀라운 세계를 만들어 내고 있습니다. 애플의 창업자인 스티브 잡스가 젊은 시절에 캘리그래피*에 매혹된 것도 한 예입니다. 슬로 미디어를 모르고 자란 요즘 10대의 감성이 나중에 어떤 모습일지 저로서는 상상조차 되지 않습니다.

이렇게 단점을 늘어놓았지만, 친구와의 소통이나 취미를 위해, 혹은 공부를 위해 여러분은 오늘도 인터넷에 접속할 겁

●　서양의 서예 같은 것.

니다. 그래서 저는 인터넷을 사용할 때는 누군가와 함께 사용하거나, 그것에 관해 이야기할 수 있는 사람을 실제 세계에서 확보할 것을 제안하고 싶습니다. 혼자서 사용하고 싶을 때도 있겠지만 부모님이나 친구와 함께 이런저런 이야기를 나누며 사용할 수 있을 때는 그렇게 해 보기를 바랍니다.

게임이든 SNS든 생활의 일부로 즐기면 걱정할 만한 일은 그리 쉽게 일어나지 않습니다. 그러니 '이상하네.', '무섭다.', '비정상적인데?' 등 뭔가 마음에 걸리는 것이 생겼을 때는 혼자 고민하지 말고, 신뢰하는 어른에게 털어놓으세요.

여기서 또 한 가지 사례를 소개하겠습니다. 이야기의 주인공은 중학교 2학년인 다이치입니다. 다이치는 초등학생 시절부터 지역 축구 클럽의 에이스 스트라이커였고, 중학교에서도 축구부에 들어갔습니다. 그리고 1학년 때 당당하게 주전 자리를 꿰찼습니다. 하지만 기쁨도 잠시, 경기에서 부상을 당해 후보 선수로 밀리고 말았습니다. 다시 뛰기 힘들다는 사실을 깨달은 다이치는 축구부를 그만두었고, 혼자만의 시간을 견디지 못해 게임에 빠지고 말았지요. 그중에서도 『삼국지』*를 배경

●   중국의 삼국 시대를 기록한 역사서.

으로 한 게임을 좋아해서 밤낮이 바뀔 정도로 열중했습니다. 게임을 할 때만은 분노인지 초조함인지 모를 어수선한 감정을 가라앉힐 수 있었던 것입니다. 이 장 처음에 등장한 가이토와 비슷하지요.

부모님의 손에 이끌려 병원에 온 다이치는 가이토와 마찬가지로 회복을 향해 천천히 발을 떼었습니다. 그리고 기회 있을 때마다 다이치와 대화하던 부모님이 어느 날 "삼국지가 그렇게 좋으면 게임만 하지 말고 진짜 『삼국지』를 읽어 보면 어때?" 하고 제안했습니다.

그 후 다이치는 삼국지를 바탕으로 한 소설과 영화를 닥치는 대로 읽고 보았습니다. 몇 년이 지난 지금, 다이치는 고대 중국사에 관한 한 전문가 수준이 되었습니다. 저는 이것도 훌륭한 교양이라고 생각합니다.

게임이나 SNS의 뒷계정에 빠지는 것을 쓸데없는 짓이라거나 현실 도피라고 나무라는 일은 쉽습니다. 하지만 다이치처럼 게임 덕분에 힘든 시간을 극복하고 앞으로 나아가는 경우도 있습니다. 누군가의 눈에는 쓸데없는 것처럼 보여도 본인에게는 그것이 최후의 보루이자 인생을 계속해서 살아가기 위한 도피처가 될 수도 있는 것이지요.

외로우면 기대도 돼

지금까지 게임이나 SNS, 인터넷 등 여러분 주위에 가까이 있는 것들을 다뤘는데 그 외에도 여러 가지 행위 의존이 있습니다. 이 장 마지막에 여러분이 알아 두었으면 하는 몇 가지를 간단히 설명하겠습니다.

경마, 경륜, 경정 등 내기에 빠지는 것을 '도박 중독'이라고 합니다. 일본의 경우 젊은 사람 가운데 그 수가 가장 많은 것은 슬롯머신 중독입니다. 젊은이라고 해도 서른이 넘어서 병원에 오는 사람이 대부분이지만 그들 대다수가 10대 후반부터 빠지기 시작합니다. 계기는 다양하지만, 놀잇거리가 별로 없는 지역에서는 어른의 세계에 발을 들여놓았다는 증거라도 되는 양 슬롯머신을 시작하는 경우가 많습니다. 또 대학 진학으로 부모님 곁을 떠나면 해방된 홀가분함에 경계심을 푼 채 빨려 들어가듯 슬롯머신에 빠지는 사람도 있습니다.

재미로 슬롯머신을 하는 사람은 어쩌다 이기면 맛있는 걸 사 먹거나 쇼핑하거나 저축합니다. 그러나 도박에 중독된 사람은 돈을 따면 그 돈으로 다시 슬롯머신을 합니다. 이긴 순간에는 뇌에서 도파민이 나오는데, 그 쾌감을 얻으려고 '한 번 더, 한 번 더' 하며 빠져드는 것이지요. 하지만 도박에서 항상

이길 수는 없습니다. 자칫하면 크게 잃을 수도 있지요. 그러면 잃은 돈을 되찾기 위해 또 도박을 합니다. 결국에는 다른 사람에게 돈을 빌리거나 회삿돈에 손을 대기까지 합니다. 이기든 지든 도박은 계속되고, 출구 없는 소용돌이에 빨려 들어가는 것이 도박 중독입니다. 참고로 사람은 매번 이기는 일에는 빠지지 않습니다. 아주 가끔 이기기 때문에 매료되고 '이번에야말로' 하며 인생 역전을 꿈꾸는 것입니다.

도박에 중독되는 사람은 대개 겉으로는 풍족해 보입니다. 유명 대학에 다니거나 직장에서 잘나가고 친구도 많습니다. 하지만 사람의 마음이란 겉모습만 봐서는 알 수가 없습니다. 마음속 어딘가에 존재하는 아쉬움과 허전함이 '내가 꼭 인생 역전의 주인공이 되고 말겠어.' 하는 발상과 이어지는 게 아닐까요?

만약 여러분 주위에 어떤 형태의 도박이든 도박에 빠진 사람이 있고, 그 사람이 돈을 빌려 달라고 할 때 절대 빌려주지 마십시오. 그 돈은 돌려받을 수 없을 뿐 아니라 여러분이 빌려준 돈이 그 사람의 의존증에 불을 지피게 될 테니까요.

10대에게서 흔히 볼 수 있는 행위 의존 중 하나인 '도벽'은 물건을 슬쩍하는 도둑질을 반복하는 것입니다. 도벽이 있는 사람은 물건을 살 돈이 없어서 훔치는 것도 아니고, 그 물건이 꼭 필요해서 훔치는 것도 아닙니다. 그들은 사람들의 눈을 피해 긴장감이 고조되는 가운데 도둑질을 한 다음, 아무에게도 들키지 않고 가게 밖으로 빠져나갔을 때 이루 말할 수 없는 해방감을 느낍니다. 조마조마한 그 순간을 즐기는 것이지요. 따라서 훔친 물건에는 애착이 없어 옷이나 화장품, 문구류 등 포장도 뜯지 않은 물건이 집 안에 굴러다니기도 합니다. 도벽이 있는 사람도 평소에 쌓인 우울한 기분을 물건을 훔치는 행위로 푼다고 할 수 있습니다. 어쩌면 다른 사람을 속이는 기분이 쾌감으로 연결되는 것인지도 모릅니다.

그런가 하면 돈을 제대로 지불하고 물건을 사는 일에 빠지는 사람도 있습니다. 바로 '쇼핑 중독'입니다. 그런데 쇼핑 중독에 빠지려면 돈이 필요하므로 10대에 쇼핑 중독에 걸리는 경우는 거의 없습니다. 하지만 이처럼 누구나 일상적으로 하는 행위도 의존증으로 진행될 수 있다는 것을 알아 두었으면 합니다.

쇼핑 중독에 빠진 사람도 도벽이 있는 사람과 마찬가지로 그 물건이 필요해서 사는 것이 아닙니다. 가게에 가면 점원이 추켜세워 주면서 "감사합니다." 하고 머리를 숙이지요. 그 순간에 도파민이 나와 기분이 좋아지고, 다시 그 기분을 맛보기 위해 계속해서 물건을 사는 겁니다. 사들인 물건을 집에 가지고 돌아가면 포장도 풀지 않은 채 던져둡니다.

물론 누구나 월급날 평소보다 비싼 물건을 사거나 일하면서 쌓인 스트레스를 쇼핑으로 해소할 때가 있습니다. 이러한 쇼핑은 인생을 더 잘 살기 위한 자극제가 됩니다. 그런데 정도에서 벗어나 물건을 사는 행위 자체가 목적이 되면 위험합니다. 게다가 물건을 사기 위해 빚까지 지다 보면 언젠가는 생활에 쪼들리겠지요.

그 밖에도 반복적으로 손톱을 물어뜯거나 머리카락을 뽑는 사람도 있고, 무거운 범죄인 방화 충동에 사로잡히는 사람도 있습니다.

그러면 지금까지의 행위 의존 이야기를 의존증에 적용해볼까요? 제3장에서는 "약물의 힘으로 나온 도파민은 강력하다. 그 강렬한 느낌에 매료당한 사람은 계속해서 약을 원하게 된다."라고 했습니다. 하지만 행위 의존에 빠진 사람의 뇌에서 나오는 것은 천연 도파민입니다. 여기서 '그러면 사람은 천연 도파민으로도 의존증에 걸리나?' 하는 의문이 생길 겁니다.

이 의문에 대한 답은 '그렇다.'입니다. 천연 도파민이라고

해도 때에 따라서는 강렬한 느낌을 주어 특정 행위를 계속하고 싶게 만드는 경우가 있습니다.

그런데 여러분은 게임이나 쇼핑을 했을 때 멈출 수 없을 정도의 쾌감을 느끼나요? 대부분은 이런 행위에서 나름의 즐거움이나 기쁨은 느끼지만 엄청난 쾌감을 느끼지는 않습니다. 이것이 의미하는 바는 행위 의존에 빠지기 쉬운지 아닌지는 약물 의존에 빠지기 쉬운지 아닌지 이상으로 개인 차가 있으며, 또 우연한 요소가 얽혀 있다는 사실입니다. 그런 행위를 하게 된 시점, 그 사람을 둘러싼 인간관계, 그 당시에 처했던 환경, 그때까지 살아온 삶, 그리고 뇌의 성질 등 여러 가지 요소가 우연히 딱 맞아떨어졌을 때 빠지는 것입니다.

이번 장에는 많은 중학생(가이토, 리호, 아오이, 하루나, 다이치)이 등장했습니다. 혹시 여러분은 조금 좌절했다고 해서 게임에 빠지거나, 외롭다는 이유로 SNS에 매달리는 사람은 마음이 여리다고 생각하나요? 어른 가운데에서도 이렇게 생각하는 사람은 별로 없을 겁니다. 인생을 살아가면서 좌절하지 않는 사람은 없고, 외로움을 견뎌야 하는 상황은 누구에게나 찾아옵니다. 그들에게 일어난 일이 우리에게도 충분히 일어날 수 있습니다.

누구나 의존증에 빠질 수 있습니다. 의존증은 한번 빠지면 원래 세계로 돌아가지 못하는 편도 승차권이 아닙니다. 원래 있었던 곳으로 다시 돌아갈 수 있고, 다른 장소로 가기 위해 차를 갈아탈 수도 있습니다. 편도 승차권이라고 믿으며 홀로 외롭게 견디고 있는 사람 곁에 그저 가만히 함께해 주는 존재 만 있다면 말입니다.

가족이
게임에 빠지면

Q **남동생이 소셜 게임에 빠졌습니다.**

한 살 아래 남동생이 소셜 게임에 푹 빠졌습니다. 처음에는 심하게 꾸짖던 부모님도 밥 먹을 때조차 스마트폰을 손에서 놓지 않는 동생의 모습에 질렸는지 지금은 아무 말도 하지 않습니다. 사실 남동생에게 게임을 권한 것은 저입니다. 중학교에 들어가고 나서 무료해 보이길래 "이거 한번 해 봐. 재밌어." 하고 권했지요. 저 때문에 이렇게 된 것 같아 괴롭습니다.

카망베르 대학 부속 중학교 2학년 네즈야

A **형도 소셜 게임을 합시다.**

네즈야 학생은 동생을 좋아하는군요. 재미있는 게임을 알려 준 걸 보면 분명 사이좋은 형제일 겁니다. 그 일로 괴로워할 필요는 없습니다.

네즈야 학생은 남동생이 빠진 게임이 얼마나 재미있는지 알고 있을 텐데 부모님 앞에서는 게임을 안 하나요? 어쩌면 부모님 앞에서는 게임 이야기를 꺼내는 일조차 피하고 있을지도 모르겠지만 그렇게 조심하지 않아도 됩니다.

저는 네즈야 학생도 동생과 같은 게임을 하면 어떨까 싶습니다. 형제끼리 신나게 게임 이야기를 해 보면 어떨까요? 게임에 관해 이야기할 수 있는 사람을 실제 세계에서 만나는 것은 동생에게는 매우 중요한 일입니다.

부모님은 어떤 분인가요? 지금은 질려 있는 것 같지만 네즈야 학생의 이야기를 들어줄까요? 만약 귀를 기울여 줄 것 같다면 부모님과 함께 게임을 해 보면 어떨까요? 동생이 얼마나 깊이 빠져 있는지는 모르지만, 가족이 다 같이 게임 이야기를 할 수 있게 되면 동생의 상태가 그렇게 심각해지지는 않을 겁니다.

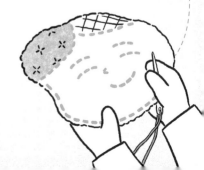

제5장

모두 상처를
주고받으며 살아간다

행위에 대한 중독 ②

'나'를 용서할 수 없었어요

— 메이(중학교 3학년)

메이는 상대방 기분을 배려할 줄 아는 아이입니다. 중학교 3학

년 때부터 알았는데, 고등학교 3학년 때 글 쓰는 일을 직업으로

삼고 싶다며 대학 진학을 결심하고 치료를 마쳤습니다. 메이라

면 분명 사람들의 마음을 울리는 작품을 쓸 겁니다. 메이의 작품

을 만날 날이 기다려집니다.

중학교 3학년인 메이는 자기 몸매에 콤플렉스가 있습니다. 엄청나게 살이 찐 건 아니지만 또래에 비해 통통한 것 같아 신경이 쓰입니다. 아침에는 바나나만 먹기도 하고, 탄수화물을 뺀 식사를 해 보기도 했습니다. 온갖 다이어트를 해 봤지만 효과가 별로 없었습니다.

그러던 어느 날, 감기를 심하게 앓는 바람에 식욕이 없어졌습니다. 며칠 동안 드러누워 있다가 간신히 나았을 때, 몸매가 달라져 있었습니다. 친구에게 "요즘 살 빠졌네.", "귀여워졌다." 라는 말을 들었습니다. '나도 하면 되는구나!' 하고 기분이 좋아진 메이는 식사량을 극단적으로 줄였습니다. 마르면 마를수록 노력을 보상받는 느낌이었습니다.

친한 친구와 사소한 일로 다툰 어느 날의 일입니다. 집으로 돌아가서도 안절부절못하다가 계속 참아 왔던 과자를 먹고 말았습니다. 한번 입을 대자 멈출 수가 없었습니다. 빵과 과자, 아이스크림, 초콜릿까지……. 분명한 과식이었습니다.

과식한 자신에게 실망한 메이는 스스로 벌을 주어야겠다고 생각했습니다. 그리고 가족이 잠들어 조용해지기를 기다렸다가 방문을 닫고 팔에 커터 칼로 상처를 냈습니다. 슬며시 피가 나오며 통증이 느껴졌습니다. 그러자 안절부절못하던 마음이 사라지면서 편안해졌습니다. 스스로 벌을 받았다고 생각한 메이는 다시 소식하는 생활로 돌아갈 수 있었습니다.

이후에도 같은 행동을 반복하게 되었습니다. 평소에는 아주 조금만 먹다가 초조한 일이 생기면 충동적으로 음식을 마구 털어 넣었습니다. 그리고 과식한 자신을 벌주려고 몸에 상처를 내는 것이지요.

처음에는 일주일에 한 번 정도였습니다. 밤에 몰래 자기 방에서 했지요. 몸에 상처를 내면 잔뜩 무거웠던 마음이 한결 가벼워집니다. 하지만 그 효과는 점차 약해졌습니다. 통증을 그다지 느끼지 않게 되었고, 기분도 편해지지 않았습니다. 그래서 일주일에 두세 번 정도로 횟수가 늘어났습니다. 언젠가부터는 과식하지 않은 날도 몸에 상처를 냈습니다.

부모님과 반 친구들은 전혀 눈치채지 못했습니다. 평소 메이가 사람들에게 들키지 않으려고 조심하는 데다가, 옷소매로 가릴 수 있는 부분에만 상처를 냈기 때문에 상처 자국을 누가 볼 일이 없었던 것이지요.

그러던 중에 학교에서 문제가 생겼습니다. 지난번에 다툰 친구와 심한 말싸움을 벌인 것입니다. 마음이 불편해진 메이는 다시 자기 몸에 상처를 냈습니다. 하지만 아무 느낌도 나지 않았습니다. '평소 같으면 속이 시원해지는데 왜 이러지?' 하며 당황스러워하던 메이는 몇 번이고 상처를 냈습니다.

간신히 마음은 차분해졌지만 허둥댄 탓에 옷으로 가릴 수 없는 부분까지 상처를 내고 말았습니다. 다음 날 아침, 그 상처를 발견한 부모님이 "그게 뭐야?"라고 물었습니다. 메이는 얼버무렸지만, 부모님은 팔을 잡고 강제로 소매를 걷었고, 메이의 팔에서 수많은 상처 자국을 발견했습니다.

메이는 우연히 살이 빠진 일을 계기로 '거식'●과 '과식'●●을 반복하게 되었습니다. 이처럼 먹는 행위에 어떤 문제가 생겨 마음이나 몸에 영향을 받는 병을 '섭식 장애'라고 부릅니다.

동시에 메이는 자기 몸에 상처를 내는 행동을 반복했습니다. 어느 정도 조절하면서 상처를 냈기 때문에 죽으려고 한 건 아닙니다. 이처럼 자살 이외의 목적으로 자기 몸에 상처를 입히는 행위를 자해라고 부릅니다.

섭식 장애와 자해가 함께 일어나는 메이 같은 사례도 흔합니다. 메이는 섭식 장애부터 시작했는데, 어느 쪽이 먼저인지

●　음식을 먹지 않거나 먹지 못하는 상태.
●●　음식 먹기를 멈추지 못하는 상태.

는 사람마다 다릅니다. 또 섭식 장애를 일으키면서 자해하는 가 하면, 섭식 장애가 나으면 자해하고 자해가 나으면 섭식 장애를 일으키며 두더지 잡기 게임처럼 두 가지 증상을 오가는 경우도 있습니다. 어쨌든 섭식 장애와 자해는 밀접하게 연결되어 있는 것 같습니다.

이 책은 의존증에 관한 책이므로 "섭식 장애와 자해가 의존증이냐?"라고 물으면 그것은 판단하기 어렵습니다. 다만 양쪽 모두 "그만두고 싶은데 멈출 수 없는 상태"에 빠지는 '의존증적'인 측면을 가지고 있습니다. 또 섭식 장애나 자해를 반복하는 사람 중에는 약물 의존이나 행위 의존 문제를 모두 가진 사람도 있습니다. 그래서 섭식 장애와 자해에 관해서도 다루기로 했습니다.

섭식 장애와 자해는 여러분 가까이 있는 문제이기도 합니다. 섭식 장애를 가진 사람의 대부분은 10~20대 때 증상이 나타나기 시작합니다. 그리고 10대의 10퍼센트가량이 형태는 다르지만 자해 경험이 있다는 사실도 밝혀졌습니다. 평범하게 생각하면 먹지 않는 것이나 너무 많이 먹는 것이나 모두 괴로운 일입니다. 게다가 자기 몸에 상처를 내면 아픔이 따릅니다. 그런데도 메이가 이런 행위를 반복한 까닭은 무엇일까요?

거식과 과식의 줄다리기

우선 섭식 장애에 대해 생각해 봅시다. 섭식 장애에는 거식과 과식이 있습니다. 이 두 가지는 정반대로 보이지만 동전의 앞뒷면처럼 하나의 문제입니다. 섭식 장애를 안고 있는 많은 사람이 어떤 때는 거식 증상을 보이고, 어떤 때는 과식 증상을 보입니다. 한 사람이 거식과 과식을 번갈아 가며 반복하는 것이지요.

섭식 장애는 대부분 '날씬해지고 싶다.'는 마음에서 시작됩니다. 메이처럼요. 메이는 감기에 걸렸다가 살이 빠진 것을 계기로 날씬해지는 것을 더 강하게 의식하게 되었습니다. 하지만 먹는 걸 계속해서 참으면 언젠가는 식욕이 폭발합니다. 무리한 다이어트의 반동으로 자기도 모르게 많이 먹게 되는 것이지요. 여기까지는 흔히 있는 이야기 같지 않나요? 여러분이라면 이다음에 어떻게 할까요? 과식을 했다면 '이러면 안 되지!' 하며 반성하고 다시 먹는 양을 줄이겠지요. 그러나 대부분은 그렇게 오래가지 않습니다. 어느새 다이어트는 잊어버리고 원래의 식생활로 돌아갑니다.

그런데 섭식 장애를 겪는 사람은 과식한 뒤에 '이러면 안 되지!' 하고 죄책감을 느꼈을 때 먹는 양을 조절하려는 생각이 강해서 끝까지 해냅니다. 강하게 의식해서 먹는 양을 극단적으로 줄이거나 아예 굶는 등의 엄격한 방법을 쓰는 것이지요. 문자 그대로 며칠씩 먹을 것을 거의 입에 대지 않습니다.

사람이 먹지 않으면 그냥 마르는 게 아니라 뼈와 피부만 남을 정도로 바짝 마릅니다. 거식증을 앓는 사람은 그렇게 된 뒤에도 더 날씬해지고 싶어 합니다. 이런 상태를 '신체 이미지 장애'라고 부르는데, 자신의 몸을 올바로 인식하지 못하는 상태에 빠졌다는 뜻입니다. 이들은 거울에 비친 나무토막 같은 자기 모습을 보면서 아직도 통통하다고 착각합니다. 살을 빼고 예쁘게 보이기 위해 밥을 거르기 시작했지만, 더 이상 다른 사람이 어떻게 볼지는 중요하지 않게 된 것입니다. 자신이 살찌는 것, 몸이 무겁게 느껴지는 것을 도저히 견디지 못합니다.

이렇게 거식하는 동안에는 의욕이 충만합니다. 그래서 적극적으로 밖에 나가거나 사람들과 교류하려고 하지요. 하지만 이것은 좋은 의미에서의 의욕 충만과는 달리 시야가 확 좁아진 상태의 의욕 충만입니다. 예를 들어 운동을 한다면 말라비틀어진 몸에 땀복을 입고 끝없이 달리는 식입니다. 거식증에 걸리는 사람은 완벽주의 성향이 있어서 거식하는 동안에는 자신을 끝까지 몰아붙입니다.

그러나 식욕을 계속 참으면 언젠가는 폭발하게 되어 있습니다. 과식하는 때가 찾아오는 것이지요. 과식을 하면 충만했던 의욕이 급격히 떨어집니다. 감당할 수 없을 정도로 기분이 처지기 때문에 방 안에 틀어박혀 지냅니다. 위험한 것은 밤입니다. 조용해진 어둠 속에서 초조함과 찜찜함이 점점 고조됩니다. 생각하느라 밤늦은 시간까지 깨어 있기 때문에 배도 고파 옵니다. 그렇게 졸음이 쏟아질 때쯤 결국 참고 있던 식욕이 폭발합니다. 이런 상황에서 제대로 된 식사를 준비할 여유는 없겠지요. 그래서 간편하게 먹을 수 있는 과자에 손이 가게 됩니다. 그것은 맛있는 음식을 음미하면서 먹는 즐거운 시간이 아니라 그저 마구 욱여넣는 작업일 뿐입니다. 그런데 과자는 칼로리가 높고 흡수가 잘되기 때문에 먹으면 당연히 살이 찝니다. 게다가 거식으로 굶주려 있던 몸은 조금만 먹어도 살이 찌게 되어 있습니다.

더 이상 음식이 들어가지 않을 때까지 먹고 나면 후회의 파도가 밀려옵니다. 머릿속은 죄책감으로 가득 찹니다. 어떤 사람들은 먹은 걸 후회하며 목구멍에 손가락을 넣어 토해 내기도 합니다. 토하면서 한없는 비참함을 느낍니다. 그런데 토하고 나면 배가 고파집니다. 그래서 또 먹습니다. 그리고 다시 토합니다.

과식의 시기가 한동안 이어진 뒤에는 다시 거식의 시기가 시작됩니다. 출발점부터 또 한 번 같은 길을 가는 것입니다. 사람마다 거식과 과식의 양상이 다르고 어느 한쪽이 눈에 띄는 사람도 있지만, 이렇게 거식과 과식의 줄다리기에서 벗어나지 못하는 것이 섭식 장애의 일반적인 특징입니다.

스트레스와 식욕의 관계

날씬해지기를 바라는 사람은 주위에 얼마든지 있고, 실제로 다이어트를 하는 사람도 많습니다. 그런데 섭식 장애에 빠지는 사람이 있고, 빠지지 않는 사람이 있는 것은 왜일까요? 또 그 기준은 뭘까요? 사람들은 날씬해졌다거나 예뻐졌다는 말을 듣고 기분이 좋아지거나 스스로 '하니까 되는구나. 노력은 결실을 보게 되어 있지.' 하며 자신감을 얻습니다. 이처럼 어쩌다 격려받아 의욕이 생기는 일은 누구에게나 있을 겁니다. 그런데 그런 격려의 말에 매달려 먹을 것을 거부하게 되는 배경에는 잘 풀리지 않는 일에 대한 초조함, 말할 수 없는 분노, 자신은 아무것도 못 하는 게 아닐까 하는 불안 등 마음속에 억압하고 있는 어떤 고통이 숨어 있습니다.

사실 스트레스와 식욕은 밀접하게 관련되어 있습니다. 인간에게는 교감 신경과 부교감 신경이라는 두 가지 신경이 있습니다. 우리는 무의식중에 이 두 가지를 오가면서 몸과 마음의 균형을 유지합니다. 활발하게 움직이고 있을 때나 긴장하고 있을 때는 교감 신경이 활동합니다. 교감 신경이 활동하는 동안 식욕은 억제됩니다. 무언가에 몰입해서 식사 시간을 잊어버리거나, 걱정거리가 있을 때 음식이 목에 걸려 넘어가지 않는 것은 이 때문입니다.

한편 마음이 편안해져서 휴식을 취하고 있을 때는 부교감 신경이 작용합니다. 부교감 신경이 작용하면 위와 장이 움직이고 식욕이 올라갑니다. 그래서 시험을 끝내고 한시름 놓는 순간 배가 고파지는 것입니다. 그렇다면 음식을 거부하는 사람은 마음이 긴장 상태에 있다는 뜻이겠지요.

섭식 장애는 젊은 사람들이 많이 겪는 병인데 10대 때 악화하면 큰 손실을 봅니다. 또 굶주린 상태가 오래 이어지면 뇌가 쪼그라듭니다. 우리 몸에서 가장 많은 에너지를 사용하는 것이 뇌입니다. 뇌에 충분한 에너지가 공급되지 않으면 정상적인 사고를 할 수 없게 됩니다. 그래서 상황을 유연하게 받아들이지 못하고 완고해집니다. 더 심해지면 그 사람이 본래 가지고 있던 지적인 기능을 발휘하지 못하는 상태에 빠지기도 합니다.

아울러 섭식 장애를 가진 사람이 여러 문제를 동시에 안고 있는 경우도 적지 않습니다. 거식으로 의욕이 충만해졌을 때 닥치는 대로 물건을 사들이며 쇼핑 의존증 증상을 보이는 사람도 있습니다. 어떤 경우 과식 시기에 사실상 먹고 싶지 않은 것에 돈을 쓰기 싫어서 음식을 훔치는 사람도 있습니다. 이것이 도벽으로 이어지는 경우도 있지요. 또 밤에 폭식을 피하려고 강한 수면제를 쓰다가 약물 의존증에 걸리는 사람도 있습니다. 그리고 메이처럼 과식한 것에 대한 죄책감 때문에 자해를 하는 사람도 있습니다.

모든 사례에 해당하는 것은 아니지만 섭식 장애는 오래 지속되는 경우가 많아서 느긋한 마음으로 조금씩 극복해 나가야 하는 병 가운데 하나입니다. 까마득하게 느껴질지 모르지만, 섭식 장애에서 회복하여 건강하게 생활하는 사람도 많습니다. 의외라고 생각하겠지만 먹는 행위를 안정시키는 핵심은 먹는 걸 참지 않는 것입니다. 매일같이 아침·점심·저녁, 세 번의 식사를 거르지 않고 하면 됩니다. 앞에서 쓴 것처럼 절

식으로 굶주린 몸은 조금만 먹어도 살이 찝니다. 섭식 장애인 사람은 참고 또 참은 결과, 살찌기 쉬운 몸을 만드는 비극을 겪게 됩니다. 영양이 치우친 식사로 체내에 단백질이 부족해지면 몸이 붓기도 합니다. 몸이 부으면 살이 쪘다고 착각하여 또 절식하게 되지요. 오랫동안 절식해서 단단한 음식물을 먹기 힘들다면 젤리 같은 부드러운 음식부터 시작하는 것이 좋습니다. 하지만 무엇보다 이상적인 식사는 밥과 반찬과 국물이 있는 식사입니다. 균형 있는 세 번의 식사를 하고, 과자를 먹고 싶을 때는 먹으면 됩니다. 이런 식생활을 꾸준히 하다 보면 생각보다 많이 살찌지 않는 건강한 몸을 얻을 수 있을 겁니다.

몸과 마음에 남은 상처

자해에 대해서도 살펴봅시다. 메이는 과식한 자신에게 실망해 스스로 벌을 주기 위해 몸에 상처를 내기 시작했습니다. 그리고 자기 팔에 상처를 낸 뒤, 초조한 마음이 풀리는 경험을 했습니다. 피가 날 정도의 상처를 입었는데 마음이 차분해지는 건 도대체 무슨 일일까요?

반복적으로 자해하는 사람에게 "몸에 상처를 내면 어떤 느낌인가요?"라고 물으면 "개운해요." 혹은 "왠지 안심이 돼요."라는 대답이 돌아옵니다. 여기서 그들이 고통을 느끼지 않는다거나 즐긴다고 생각해서는 안 됩니다. 아픔을 어떻게 느끼는지는 사람마다 다릅니다. 그 사람의 기준이 어디에 있느냐에 따라 아픔의 정도가 다르지요.

자해하는 사람 대부분은 힘겨울 정도로 괴로운 마음을 누구에게도 털어놓지 못한 채 꾹 참고 있습니다. 그래서 평소에는 바다 깊이 잠수해 숨을 멈추고 있는 듯한 감각으로 삽니다. 그러다가 자해하는 그 순간에만 표면으로 떠올라 숨을 쉽니다. 아주 잠깐이지만 해방감을 맛봅니다. 그들은 이 해방감을 개운하다거나 안심이 된다고 표현하는 것입니다.

그들이 자해하는 목적은 쾌감을 얻는 것이 아니라 고통을 완화하는 것입니다. 해결할 수 없는 마음의 아픔에서 잠깐이라도 눈을 돌리려고 몸의 고통을 이용하는 것이지요.

물론 "몸의 통증으로 마음의 아픔이 가라앉는다는 게 선뜻 이해가 안 된다."라고 말하는 사람도 있을 겁니다. 그렇다면 여러분은 정신을 차리고 싶을 때 손바닥으로 자기 얼굴을 때리거나 시험 문제가 잘 풀리지 않을 때 머리를 쥐어뜯은 적이 없나요? 많은 사람이 약간의 통증을 주어 기분을 새롭게 하거나 눈앞의 어려움에서 의식을 멀리 떼어 놓고 싶을 때가 있습니다. 그것은 살기 위한 지혜로, 정도의 차이는 있어도 모두가 하는 일입니다. 저는 자해가 이런 행위와 본질적으로 다르지 않다고 생각합니다.

지금으로부터 40여 년 전에 진행된 연구에서는 "자해를 반복하는 사람의 뇌에서 엔케팔린enkephalin이라는 물질이 나온다."라는 결과가 발표되었습니다. 엔케팔린은 인간의 뇌 안에 있는 물질입니다. 아픔이나 스트레스를 느꼈을 때 분비되면서 이를 가라앉히는 효과가 있어 '뇌내 마약'이라는 이름으로도 불립니다.

혹시 여러분은 '러너스 하이runners' high'라는 말을 들어 본 적이 있나요? 장거리를 달리는 선수는 처음에는 힘들다고 느끼지만 계속 달리다 보면 기분이 고조됩니다. 이런 기분을 불러일으키는 것이 뇌내 마약입니다. 우리가 골절 등 큰 부상을 견딜 수 있는 것, 임신부가 정신을 잃지 않고 출산할 수 있는 것도 이 뇌내 마약 덕분이라고 합니다. 뇌내 마약이 몸의 통증으로부터 우리의 의식을 지켜 주는 것이지요.

그렇다면 자해를 반복하는 사람의 뇌에서 뇌내 마약이 나온다는 연구 결과는 무엇을 의미할까요? 자해를 반복하는 사람들이 뇌내 마약의 힘을 빌려서라도 마음의 고통으로부터 의식을 지키기 위해 어쩔 수 없이 몸에 고통을 주는 것이라고 생각할 수는 없는 걸까요?

자해가 마음의 아픔에서 눈을 돌리기 위한 행위라면 메이가 안고 있던 마음의 아픔은 어떤 것이었을까요? 정말로 과식한 자신을 벌주려고만 자해했을까요? 사실 메이 자신도 그 이유를 잘 모릅니다.

자해하는 사람 대부분은 자신이 왜 그러는지 설명하지 못합니다. '그냥'이라거나 '심심해서'라고 말하는 경우도 있습니다. 얼버무리는 것처럼 느낄지도 모르지만, 그들은 거짓말을 하는 게 아닙니다. 정말 모릅니다. 왜 모를까요? 그 이유는 그들이 몸에 상처를 낼 때, 마음속 엄청난 분노와 숨 막힐 정도의 공포, 한없는 불안과 밀려드는 절망을 '없었던 일'로 만들기 때문입니다.

자해하는 사람 가운데에는 "마음의 아픔을 몸의 아픔으로 바꾼다."라고 표현하는 사람도 있습니다. 스스로 설명할 수조차 없는 마음의 아픔을 눈에 보이는 상처로 바꾸는 것이지요. 그리고 "내가 괴로운 것은 이 상처 때문이다."라며 자신을 이

해시킵니다.

결국 자해란 자기 몸에 상처를 입힘으로써 안 좋은 기억이나 입에 담기조차 싫은 불쾌한 감정에 뚜껑을 덮는 행위입니다. 뚜껑을 덮으면서 없었던 일로 한 뒤에 뚜껑을 덮은 사실조차 잊어버리는 것이지요. 이렇게 손이 많이 가는 일을 하는 이유는 자기 마음을 지키기 위해서입니다. 그런 의미에서는 자해에도 장점이 있다고 할 수 있습니다. 혼자 감당하기 어려울 정도의 고통을 견디고 있는 사람이 지금, 이 순간을 극복하려는 수단이 되고 있으니까요.

지금을 살아 내기 위해서

자해하면 마음의 고통에서 잠시나마 벗어날 수 있지만, 그것도 오래가지 않습니다. 어차피 임시방편에 지나지 않으니까요. 예를 들어 다리가 골절되었다고 해 봅시다. 부러진 순간은 진통제로 넘어간다고 해도 근본적으로 치료하려면 뼈를 붙여야 합니다. 그런데 자해하는 사람들은 부러진 뼈는 그대로 둔 채 보이지 않게 덮어 가린 뒤 매일 진통제를 먹고 있는 것과 다름없습니다. 그런 방법으로 어떻게든 버티는 것은 처음뿐입니다. 머지않아 진통제가 듣지 않게 되고, 뼈가 부러진 부분에 염증이 생겨 또 다른 통증을 불러옵니다.

메이도 자해했을 때 마음이 가벼워진 것은 처음 몇 번뿐이었을 겁니다. 자해를 반복할수록 그 효과는 약해집니다. 그것은 약물을 계속 사용했을 때 내성이 생기는 것과 같습니다. 약물 의존과 마찬가지로 자해 역시 점점 심해집니다. 이전과 같은 효과를 얻기 위해 일주일에 한 번이었던 것이 두 번, 세 번으로 늘어납니다. 그걸로도 모자라서 매일 혹은 몇 시간마다 하지 않고는 못 견디는 경우도 있습니다.

자해에는 손톱으로 피부를 쥐어뜯거나, 자기 자신을 때리거나, 벽에 머리를 부딪히는 것도 모두 포함됩니다. 마음의 아픔을 수치로 재지는 못하기 때문에 정확하게 말할 수는 없지만, 마음의 아픔이 크면 클수록 더 많은 상처를 필요로 하는 것 같습니다.

마음의 아픔이 점점 심해져서 막다른 골목에 이르면 아무리 자해를 해도 더 이상 편해지지 않는 상태가 됩니다. 하지만 그 사실을 알면서도 몸에 상처를 내지 않고는 견디지 못합니다. 그래서 아무 효과도 없는데 습관적으로 자해를 하는 사람도 있습니다. 약물 의존의 '먹어도 괴롭고 먹지 않아도 괴로운 증상'과 아주 비슷한, 그야말로 의존중적인 경로를 따라가는 것입니다.

스스로 자기 몸에 상처를 내는 행위는 자칫하면 '자살'과 비슷한 행위처럼 보일지도 모릅니다. 실제로 구별하기 어려운 경우도 있고, 처음에는 자살할 생각이었는데 실패하면서 역설적으로 자해의 장점을 발견하고 자해를 반복하는 사례도 있습니다. 그러나 자해와 자살은 다릅니다.

자해는 '자살 이외의 목적으로 자기 몸에 상처를 입히는 행위'입니다. 때때로 자해하는 사람을 보고 "어차피 죽을 마음도 없으면서 저런다." 하며 비판하는 사람이 있는데, 틀린 말은 아닙니다. 자해하는 사람도 '이 정도면 죽지 않을 거야.' 하면서 그 행위를 합니다. 왜냐하면 '죽기 위해서'가 아니라 죽고 싶을 만큼 괴로운 지금, 이 순간을 '살아 내기 위해서' 하는 행위이기 때문이지요.

그래도 자해의 정도가 심해지는 것을 막을 수 없다는 사실에는 변함이 없습니다. 자기도 모르게 깊은 상처를 내지 않으리라는 법도 없습니다. 또 민감한 곳에 상처를 내서 생사를 오가는 경우도 있습니다. 살기 위한 자해가 죽음을 불러올 가능성도 충분히 있는 것이지요.

자기 몸에 상처를 내면서까지 살아 보려는 이 행위를 저는 부정하지 않습니다. 그건 분명 '도망'이 아니라 '투쟁'이었을 겁니다. 하지만 이런 임시방편으로 계속 버틸 수는 없습니다. 누군가에게 기대고, 가능한 한 빨리 치료와 지원의 도움을 요청해야 합니다.

방아쇠는 어디에 있을까?

이제 메이의 그 후 이야기를 따라가 보지요.

딸의 팔에 난 수많은 상처 자국을 본 부모님은 소스라치게 놀라 "대체 어떻게 된 거야?" 하고 소리 지르며 분노와 슬픔을 드러냈습니다. 그날 바로 가족회의를 열고, 한참 동안 생명의 소중함에 관해 이야기했습니다. 부모님은 이런 짓을 해서는 안 된다고 울면서 호소한 뒤, 메이에게 다시는 안 그러겠다는 약속을 받아 냈습니다.

부모님을 화나게 하거나 슬프게 하는 일은 메이가 바라던 것이 아닙니다. 그래서 한동안은 꾹 참았습니다. 하지만 일주일밖에 못 갔습니다. 초조함이 극에 달해서 금방이라도 폭발할 것 같았습니다. 마음을 다른 곳으로 돌리기 위해 과식을 할까 봐 두렵기도 했습니다. 결국 메이는 가족이 외출한 틈을 타 몸에 상처를 냈습니다. 오랜만이어서 그런지 예전에 맛보았던 개운함이 느껴졌습니다. '그래, 바로 이 느낌이야.' 식욕도 억제되고 자신을 되찾은 것 같았습니다.

그러나 부쩍 조심스러워진 부모님은 정기적으로 메이의 소매를 걷어 검사했지요. 새로운 상처를 발견하고는 "그렇게 말했는데……." 하며 비탄에 잠겼습니다. 또다시 메이에게 이젠 안 그러겠다는 약속을 받아 냈습니다.

부모님은 딸의 위험한 행동을 어떻게든 막고 싶은 마음뿐이었을 겁니다. 하지만 저는 자해는 안 된다며 책망하거나, 이제 안 그러겠다고 약속하게 만드는 것은 권하고 싶지 않습니다. 자해가 밝혀졌다면 마음의 뚜껑을 열 기회입니다. 이때 무조건 하지 말라고 말리면 뚜껑이 열리기는커녕 전보다 더 굳게 닫힙니다. 문제는 자해한다는 사실이 아니라 그 배경에 무엇이 있느냐입니다. '뭔가 힘든 일이 있었구나.' 하고 배려하며 곁에 있어 주는 것이 중요합니다.

두 번째 약속을 하고 일주일 뒤, 메이는 또 자해를 하고 말았습니다. 전문가에게 보일 수밖에 없다는 결론을 내린 부모님은 메이의 손을 잡고 저희 병원을 찾았습니다.

메이는 띄엄띄엄이었지만 제 질문에 답해 주었습니다. 제가 "왜 그런 거야?"라고 묻자, "그냥요."라고 말했습니다. "그렇구나. 그냥 그러고 싶었구나." 제 말에 메이는 "초조해졌으니까요."라고 대답했습니다. "어떤 때 초조해지는데?"라고 묻자, "모르겠어요. 하지만 너무 많이 먹은 것에 대한 벌이에요."라고 말했습니다. "어떨 때 많이 먹게 돼?"라는 질문에는 또다시 "모르겠어요."라는 대답이 돌아왔습니다.

그런 메이에게 저는 "당장 몸에 상처 내는 걸 그만두지 않아도 괜찮아."라고 말했습니다. 메이의 부모님은 당황한 표정을 지었지만 메이는 왠지 안심하는 듯했습니다. "우선은 너무 깊은 상처를 내지 않도록 조심하자. 그리고 자해 일지를 만들어 볼래?" 하고 제안했습니다.

의사들이 '자해 일지' 혹은 '자해 로그[log]'라고 부르는 것이 있는데, 보통 그날 누구와 무엇을 했는지를 기록합니다 (174~175쪽에 예를 실었습니다). 특정한 형식이 있는 건 아니지만 예를 들면 '7시, 가족과 아침을 먹었다.', '17시, 친구와 함께 공부했다.', '22시, 혼자 만화책을 읽었다.' 하는 식으로 적으면 됩니다. 그리고 자해했을 때는 미리 정해 놓은 마크로 표시하고 횟수도 기록합니다. 또 자해는 하지 않았지만 자해하

행동 기록표(5월 17일~5월 23일)

●=자해(괄호 안 숫자는 상처를 낸 횟수) ○=자해하고 싶어짐 ▲=과식

시간	월			화			수		
	무엇을 했나?	누구와 했나?	자신을 소중히 여기지 않는 행동	무엇을 했나?	누구와 했나?	자신을 소중히 여기지 않는 행동	무엇을 했나?	누구와 했나?	자신을 소중히 여기지 않는 행동
6:00	기상			기상			기상		
7:00	식사	가족		식사	가족		식사	가족	
8:00	등교	혼자		등교	혼자		등교	혼자	
9:00	학교			학교			학교		
10:00									
11:00									
12:00									
13:00									
14:00									
15:00									
16:00	하교	친구		하교	친구		위원회	위원	
17:00				공부	친구		하교	혼자	
18:00	공부	혼자		싸움	친구		공부	혼자	
19:00	식사	가족				○	식사	가족	
20:00	수다	가족		식사	언니				
21:00	목욕	혼자		인터넷	혼자		인터넷	혼자	
22:00	인터넷	혼자	○			▲	목욕	혼자	
23:00	취침			취침		○			
0:00									●(3)
1:00							취침		
2:00									

목			금			토			일		
무엇을 했나?	누구와 했나?	자신을 소중히 여기지 않는 행동	무엇을 했나?	누구와 했나?	자신을 소중히 여기지 않는 행동	무엇을 했나?	누구와 했나?	자신을 소중히 여기지 않는 행동	무엇을 했나?	누구와 했나?	자신을 소중히 여기지 않는 행동
			기상								
			식사	가족							
기상			등교	혼자		기상					
식사	가족		학교			식사	가족		기상		
인터넷	혼자								식사	혼자	
						외식	친구		외식	가족	
만화	혼자					쇼핑	친구				
								○	만화	혼자	
			진로 상담	선생님					인터넷	혼자	
면담	주치의										
쇼핑	엄마		하교	친구							
			공부	혼자							
공부	혼자					인터넷	혼자				
식사	가족		전화	친구	○	식사	가족		식사	가족	
TV 시청	가족		식사	가족		목욕	혼자		단란	가족	
목욕	혼자		TV 시청	언니		만화	혼자		목욕	혼자	
취침			목욕	혼자				●(2)	취침		
			취침		○	취침					

고 싶은 기분이 들었을 때는 다른 마크를 그려 넣습니다. 메이는 섭식 장애도 있었기 때문에 과식했을 때도 마크를 그려 넣기로 했습니다.

이렇게 세세히 기록하는 이유는 일지를 통해 무엇이 자해의 트리거(방아쇠)이고, 어떤 상황에서 자해하기 쉬운지를 알 수 있기 때문입니다. 비슷한 행동을 하거나 비슷한 상황에 처했는데도 자해한 날과 자해하지 않은 날이 있는 이유는 무엇인지까지 정리하면 어느 정도 대책을 세울 수 있습니다.

그리고 또 하나, 일지를 보면서 "이런 마음이구나.", "하지만 이때는 다르네?" 등의 이야기를 나누며 함께 생각하는 시간을 가지는 게 중요합니다. 이런 공동 작업을 하면 환자와 의사 사이에 평등한 관계성이 생기기 때문입니다.

마음의 뚜껑을 열어 보면

메이가 꾸준히 자해 일지를 써 준 덕분에 저는 몇 가지 사실을 알게 되었습니다. 먼저 친한 친구와 함께 있는 날에 주로 몸에 상처를 낸다는 것을요. 그렇다고 꼭 친구와 다툰 날에 그런 것은 아니었습니다. 곰곰이 생각해 보니 "오늘 어디 갈까?",

"저 아이돌보다 이 아이돌이 귀엽지 않아?" 같은 평범한 대화 속에서 의견이 엇갈렸을 때, 메이는 항상 설득당해 친구 말을 따르는 편이었습니다. 반론하고 싶었지만 아무 말도 하지 못한 것이지요. 친구 때문에 화가 나는데도 반박조차 하지 못하는 자신에게 짜증이 나는 것입니다.

메이는 그 친구가 다른 아이와 하교한 날에도 자해를 했습니다. 친구는 메이 말고도 친한 아이가 항상 메이와 함께하는 건 아니었습니다. 메이는 친구가 자신과 있을 때보다 즐거워 보이면 '나 같은 건 이제 필요 없구나.' 하는 생각밖에 안 들었습니다.

이렇게 친구와 만났던 날에 자해를 생각하는 것은 분명하지만, 실제 행동으로 이어지지 않는 날도 있었습니다. 바로 가족 중 누군가가 집에 있거나 밤늦게까지 깨어 있을 때였습니다. 그리고 그런 날에는 과식한다는 사실도 알게 되었습니다. 그러면 과식에 대한 벌로 며칠 후에 또 자해를 했습니다.

메이에게는 '나를 필요로 하는 사람이 정말 있을까?' 하는 불안이 늘 따라다니는 것 같았습니다. 또 과식한 자신을 벌주는 등 자기 자신에게 엄격한 면이 있었습니다. 그러한 점을 토대로 더 깊이 들여다본 결과, 언니에 대한 심한 열등감이 있는 것을 알아냈습니다.

세 살 터울의 언니는 지역에서 명문으로 손꼽히는 고등학교에 다니고 있었습니다. 연극부에 들어간 언니는 부장을 맡았으며, 용모도 빼어나 항상 주인공 역을 독차지했습니다. 또 학교 축제 때는 언니를 보려고 다른 학교 학생들이 몰려들 만큼 인기가 많았습니다.

부모님은 어린 시절부터 메이에게 "너는 언니보다 노력이 부족해.", "언니를 보고 배워라." 하며 잔소리를 했습니다. '아름답고 화려한 언니에 비해 보잘것없는 나, 우수하고 쾌활한 언니에 비해 아무것도 못 하는 나. 나는 가족에게 필요 없는 존재다.' 메이의 마음속에는 어느새 '나는 가치 없는 인간이다.'라는 생각이 자리 잡았습니다.

이게 바로 메이가 마음의 뚜껑 안에 꼭꼭 가둔 생각이었습니다. 자신은 가치가 없다고 굳게 믿고 있기 때문에 친구와의 관계에서도 피해망상적인 생각을 하는 것입니다. '봐, 역시 난 가치가 없잖아.' 하고 스스로 쓸모없는 인간이라는 증거를 찾는 것이지요. 과식했을 때도 마찬가지입니다. '가치 없는 인간인 주제에.' 하며 실패한 자신을 용서하지 못합니다.

마음의 뚜껑 안에 있는 것은 사람마다 다릅니다. 어린 시절에 받은 학대나 따돌림의 기억, 거친 가정 환경에서 맛본 극도의 긴장감, 자존심을 짓밟힌 굴욕, 가까운 사람에 대한 분노 등등 어쩌면 본인조차 생각지 못한 것일 가능성도 있습니다.

이런 것들을 단단히 누르고 있는 마음의 뚜껑의 강도 역시 저마다 다릅니다. 아직 뚜껑이 꽉 닫히지 않은 단계라면 회복은 원활하게 진행됩니다. 메이처럼 여러 가지 문제를 안고 있으면 치료가 어려울 거라고 생각할지 모르지만, 그렇지도 않습니다. 때로는 거식, 때로는 자해, 때로는 일반 의약품 등 이것저것에 손을 대고 있으면 하나하나의 문제는 그렇게 심각하지 않은 경우가 많기 때문입니다. 반대로 압력 밥솥처럼 뚜껑을 빈틈없이 닫은 경우에는 아무래도 회복하는 데 시간이 걸립니다.

뚜껑 안에 가둔 것은 자연스레 소멸하지 않습니다. 가둬 둘수록 크게 부풀어서 결국에는 화산처럼 폭발하게 되지요. 따라서 억지로 뚜껑을 여는 것은 매우 위험합니다. 회복을 향한 과정을 통해 조금씩 느슨하게 만들어야 합니다.

자해를 반복하는 사람은 괴로움을 안고 있을 텐데도 "최근 몇 년 동안 울어 본 적이 없다."라고 말하기도 합니다. 그런데 치료를 시작하고 어느 정도 시간이 지나면 "이유는 모르겠지만 이상한 순간에 눈물이 뚝뚝 떨어진다."라는 사람이 있습니다. 그것은 나쁜 기억과 말하기조차 싫은 감정을 넣고 뚜껑을 닫을 때 그 일을 슬퍼하는 과정까지 포함해 모든 걸 없었던 일로 했기 때문일 겁니다. 흘려야 할 눈물을 흘리지 않았다는 뜻입니다. 그래서 마음의 뚜껑이 헐거워졌을 때 본인조차 잊고 있던 눈물이 흘러나오는 것이지요.

괴롭다고 말해도 돼

메이는 회복을 향해 나아가기 시작했습니다. 그는 부모님이나 언니를 원망하지 않았습니다. 채워지지 않는 마음과 갈 곳 없는 분노가 있었지만 그렇다고 가족을 슬프게 하고 싶지는 않았지요.

자해 일지를 통해 이번에는 '어떤 상황에서 자해하지 않을 수 있을까?'를 생각해 보기로 했습니다. 우선 겨울보다 여름에 자해하는 횟수가 적다는 사실을 알게 되었습니다. 반소매 교복을 입으면 누군가가 팔의 상처를 볼 가능성이 있기 때문입니다. 여기에서 자해 사실을 다른 사람에게 들키지 않으려는 마음이 강하다는 것을 알 수 있습니다.

밤에 가족이 늦게까지 깨어 있는 날에도 자해를 하지 않았습니다. 가족의 귀가가 늦어지거나 이른 시간에 모두 잠들어 버리면 자해할 가능성이 커집니다. 그래서 가족의 협조를 구해 한밤중에 메이가 혼자 있지 않도록 했습니다.

또 메이 자신에게도 대담한 계획을 세웠습니다. 패스트푸드점에서 아르바이트를 시작한 것입니다. 일부러 1년 내내 반소매 유니폼을 입어야 하는 가게를 골라, 자해를 시도할 수 있는 환경을 원천적으로 차단했습니다.

자해 일지 한구석에 하고 싶은 말을 쓰고부터는 회복에 탄력이 붙기 시작했습니다. 일지를 보면서 대화를 나누다가 제가 "일지 한구석에 그날의 푸념을 써 볼까?"라고 권하면서 시작한 일입니다.

처음에는 '바보', '사라져 버려.' 등의 말을 썼습니다. 대개는 친구에 대한 불만이었습니다. 물론 상대방에게 말하는 것이 아니라 혼자 쓰는 게 전부였지요. 그런데 쓰고 나면 신기하게도 흥분했던 마음이 가라앉았습니다.

계속하다 보니 '거기서 그런 행동을 한 건 나를 얕보고 있기 때문이다.', '그 한마디는 지금의 나뿐만 아니라 과거의 나까지도 모욕한 것이다.' 등 문장이 점점 길고 복잡해졌습니다.

자신이 왜 짜증이 났는지, 무엇에 상처받았는지 명확히 깨닫게 되었습니다. 내면의 고민과 괴로움을 말로 표현할 수 있게 된 것입니다.

이쯤 되면 대화로 상담할 수 있게 됩니다. 메이의 자해는 점차 줄어들고, 섭식 장애도 안정을 찾기 시작했습니다.

말이라는 건 참 신기합니다. 우리는 모두 말의 도움을 받으며 삽니다. 괴로운 일이 있을 때, 그 감정을 숨긴 채 아무 말없이 뚜껑을 덮기보다는 "열 받네!" 하고 말로 표현하는 편이 낫습니다. '그 녀석이 이런 짓을 해서 화가 났다.'라고 문장으로 표현하고 나면 마음이 한결 편해집니다.

누군가에게 "이런 일이 있었는데 말이야." 하고 말하면 마음이 더 가벼워집니다. 건강한 사람은 이렇게 말로 표현하면서 마음을 가볍게 유지합니다. 하지만 자해하는 사람 대부분은 자기감정을 말로 잘 표현하지 못합니다. 그저 입을 꾹 닫고 감정을 억누르지요. "그렇지 않다. 자해하는 사람은 쉽게 죽고 싶다거나 사라지고 싶다고 말하지 않느냐?" 하고 말하는 사람도 있을 겁니다.

하지만 그것은 억눌렸던 감정이 쌓이고 쌓여 있기 때문입니다. 그러다가 터지기 일보 직전에 간신히 새어 나온 말이

"죽고 싶다.", "사라지고 싶다."인 것이지요.

저와 만난 지 3년 만에 고3이 된 메이는 치료를 끝마쳤습니다. 치료를 시작했다고 해서 바로 자해가 멈추지는 않습니다. 메이 역시 치료 과정에서 초조한 나머지 다시 몸에 상처를 내기도 했고, 자기도 모르게 과식을 하기도 했습니다. 메이의 증세에 맞춰 약을 투여하는 일도 있었습니다. 다행히 조금씩 회복해 결국 자해를 멈추고 건강한 식생활을 되찾을 수 있었습니다.

마지막으로 사람들이 자해에 관해 자주 하는 오해 한 가지를 풀고 이 장을 마무리할까 합니다. 바로 '자해하는 사람은 관심병 환자다.'라는 오해입니다. "자해를 하는 건 주위 사람들의 관심을 끌기 위해서다.", "자기 존재를 드러내고 싶은 것뿐이다."라고 말하는데 이런 말을 하는 사람은 사실 아무것도 모르는 것입니다.

대부분의 사례에서 자해는 혼자만의 시간, 혼자만의 공간에서 이루어집니다. 메이도 혼자 조용히 시작했습니다. 가족이 모두 잠들 때까지 기다리고, 상처를 보이지 않으려고 세심하게 주의를 기울였지요. 견딜 수 없을 만큼 괴로운 마음을 품고도 누군가와 상담하는 일도, 도움받는 일도 없이 혼자서 어떻게든 해결하려 했습니다.

그런 메이에게 다른 사람에게 드러내고 싶어 하는 속마음 같은 게 있었을까요?

그렇게 몰래 하던 자해가 어쩌다 누군가에게 들킨 뒤, 행동이 달라지는 일은 있을 겁니다. 일부러 남의 눈에 띄는 장소에서 하거나 피를 많이 흘리는 사례가 있는 것은 사실입니다.

하지만 그것은 발견한 사람이 호들갑을 떨거나, 화를 내거나, 혹은 너무 친절하게 구는 등 극단적인 반응을 했기 때문에 나타나는 변화입니다. 상대방의 행동이 '이렇게 하면 알아주는구나.'라고 생각하게 만든 것이지요. 부디 자해를 발견한 뒤뿐만 아니라 그 이전의 일도 생각해 보기를 바랍니다. '죽고 싶을 만큼 괴로운 지금, 이 순간을 살아 내기 위한 혼자만의 싸움'이 자해의 본질입니다.

정신과 의사로서 많은 사람을 치료하면서 얻은 한 가지 확신이 있습니다. '최악의 인생은 괴로운 일을 당하는 인생이 아니라 혼자 괴로워하는 인생'이라는 사실입니다. 아마 메이에게 억지로 자해하지 못하게 했어도 좋은 결과를 가져오지는 못했을 겁니다. 섭식 장애가 심해지거나 약물에 의존하거나 새로운 문제로 악화했겠지요. 메이에게 필요했던 것은 질책이나 동정이 아니라 그저 그곳에 있어 주는 사람, 관심을 가져 주는 사람, 힘들겠다고 위로하며 함께 고민해 주는 사람이 아니었을까요?

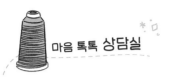

마음 톡톡 상담실

친구 몸에서
자해의 흔적을 발견했다면

Q 상처를 보고 흠칫했습니다.

체육 시간에 옷을 갈아입다가 우연히 친구 왼팔에 난 여러 개의 상처 자국을 보았습니다. 처음 봤지만 자해의 흔적이 틀림없었습니다. 같은 합주반이어서 대화도 자주 하고 가끔 같이 놀기도 하는데, 너무 놀라서 상처를 보고도 못 본 체하고 말았습니다.

미몰레트 학원 중학교 2학년 네즈나

A 지금까지 그랬던 것처럼 함께 어울려 주세요.

네즈나 학생은 참 솔직하네요. 그렇게 놀라고도 그 자리에서 소란을 피우지 않은 것은 정말 잘한 행동이에요. 우선 그 친구가 치료나 지원을 받는 게 중요합니다. 학교 보건실 선생님이나 상담실 선생님에게 상담받으라고 권하고, 친구가 원할 때는 같이 가 주면 좋겠습니다. 그리고 이전처럼 그 아이와 친구로 지내세요. 친하다고 생각하던 아이가 갑자기 거리를 두기 시작하면 누구나 속상하지 않을까요? 자해한 흔적이 있든 없든 친구라는 사실에는 변함이 없는데 말이지요.

어쩌면 그 친구가 죽고 싶다는 말을 할지도 모릅니다. 그럴 때 "그런 말을 하면 안 돼!" 하고 나무라지 마세요. 죽고 싶다는 말은 괴롭다는 의미이니까요. "그렇구나. 여러 가지로 힘든 일이 있나 보네." 하며 이야기를 들어주는 것만으로도 친구의 마음은 한결 편안해질 겁니다.

자해하는 아이는 우리 같은 전문가의 힘만으로는 회복하기 어려울 때가 있습니다. 주변 사람과의 관계도 중요하니까요. 계속해서 관계를 맺어 주는 사람의 존재는 전문가의 조력 이상으로 도움이 됩니다. 특별한 일을 하지 않아도 됩니다. 지금처럼 동아리 활동을 하고, 가끔 함께 놀러 다니는 것만으로도 충분합니다.

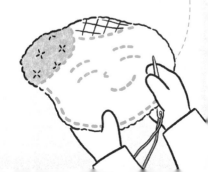

제6장

기댈 곳이
필요했구나

의존증의 뿌리에 있는 것

몸에 안 좋아

　의존증 분야에서 의사로 일한 지 어느덧 25년이라는 세월이 흘렀습니다. 제4장에서 언급했듯이 저는 우연한 계기로 의존증이라는 병과 관계를 맺었습니다. 하지만 지금 와서 돌아보면 '내가 이 일을 하게 된 것은 우연이 아닐지도 모른다.'는 생각이 듭니다. 어쩌면 중학교 시절을 함께한 어느 오래된 친구 때문에 그런 생각을 하는 건지도 모르겠습니다.

　제가 여러분처럼 중학생이었던 1980년대 초반으로 시간을 되돌려 보겠습니다. 당시 일본에서는 중고생의 학교 폭력이 한창 사회 문제가 되던 시기였습니다. 제가 다니던 시골 마을의 공립 중학교는 그렇게까지 거칠지는 않았지만, 학교 쪽에서는 바짝 경계하고 있었습니다. 교내 질서를 유지하기 위해 선생님들도 필사적이었겠지요. 그래서인지 폭력이라는 최악의 방법으로 학생들을 억누르려 했습니다. 지금 같으면 큰 문제가 되었겠지만 당시에는 선생님들의 체벌이 당연한 일로 여겨졌지요. 수업 중에 떠들거나 하품하면 때리고, 준비물을 안 가져가도 때렸습니다.

급식 시간에도 잡담이 금지되었기 때문에 살벌한 긴장감 속에 모두 숨을 죽이며 밥을 먹었습니다. 트레이닝복을 입은 근육질의 체육 선생님이 죽도를 들고 마치 군사 경찰처럼 학교 안을 돌아다녔습니다. 배움의 장이라기보다는 감시 사회의 축소판 같지 않나요? 우리는 잔뜩 기죽은 채 학교생활을 했습니다.

그러다가 제가 2학년이던 어느 날, 상황을 180도로 뒤집어 놓을 만한 사건이 벌어졌습니다. 동급생 한 명이 학생들에게 벌을 주는 데 늘 앞장서던 체육 선생님을 때려눕힌 것입니다. 그 동급생은 저의 오래된 친구입니다. 가명으로 '히로'라고 부르겠습니다. 히로의 행동으로 선생님들은 크게 동요했습니다. 선생님들 사이에서 학생들을 두려워하는 분위기가 형성된 것을 알아차린 몇몇이 히로를 흉내 내며 선생님들을 공격하는 일이 생겼지요.

히로는 저와 같은 초등학교를 나왔습니다. 초등학교 시절 동네 학원을 같이 다닌 터라 돌아오는 길에 서점에 가서 책을 읽거나 만화를 빌려 보기도 했습니다. 그 무렵부터 조금 짓궂은 구석이 있었는데 타고난 머리가 좋았다고 할까요? 아는 것도 많고, 공부는 거의 하지 않는 것 같은데 시험 성적은 항상 좋았습니다. 그 아이가 제대로 마음먹고 공부하면 저 같은 사람은 도저히 따라가지 못할 것 같았지요.

중학교에 들어간 뒤로도 1학년 때는 가끔 이야기를 나눴는데, 2학년이 되고 나서는 점점 멀어졌습니다. 하면 잘할 텐데 공부할 생각이 전혀 없어 보이는 히로는 성적이 크게 떨어진 상태였습니다. 게다가 수업 시간에 소란을 피워 선생님에게 자주 맞았습니다. 그런데 히로는 맞아도 꿈쩍하지 않았고, 반성하는 기미도 없었습니다. 오히려 반항 어린 눈빛으로 자기를 때린 선생님을 노려봤지요.

히로가 선생님을 때려눕힌 사건으로 학교 분위기는 순식간에 험악해졌습니다. 지금까지 억눌려 있던 학생들의 불만이 한꺼번에 폭발한 것 같았습니다. 화장실에서는 담배 냄새가 진동하고, 재떨이로 바뀐 변기는 담배꽁초로 가득 찼습니다. 세면대에는 시너가 남은 비닐봉지가 아무렇게나 방치되어 있었습니다. 시너란 유기 용제®의 하나로, 뇌의 활동을 억제하는 약물입니다. 1980년대 당시 일본의 불량 학생들은 이를 비닐봉지에 넣어서 기화한 것을 흡입했습니다.

창문은 금이 가고, 벽에는 구멍이 뚫리고, 학교 전체가 폐허처럼 변했습니다. 자전거를 타고 교실 복도를 달리는 학생이 있는가 하면 오토바이로 학교 건물을 연결하는 복도를 가로지르는 학생도 있었습니다. 선생님들은 얌전한 학생에게는 으름장을 놓고, 불량 학생에게는 굽실거렸습니다. 이런 차별 대우에 불만이 커져서 얌전한 학생들도 마음속으로는 불량 학생들을 응원하고 있었습니다.

히로는 불량 학생 가운데에서도 눈에 띄는 존재였습니다. 학교를 자주 결석하고 오랜만에 등교했다 싶었더니 금발 머리를 하고 온 적도 있습니다. 모범생이었던 제 눈에는 히로가 다른 세계에 사는 사람처럼 보였습니다.

3학년이 된 저는 중도적인 위치에 있었습니다. 선생님들의 차별 대우는 여전해서 마음속으로는 불량 학생들에게 공감하는 부분도 있었습니다. 하지만 학생회 임원이었던 저는 공공

●　페인트를 묽게 하거나 옷에 남은 얼룩을 빼는 데 사용하는 유기 화합물.

연하게 불량 학생들 편을 들 수가 없었습니다. 그래서 저는 싸움이 벌어질 때마다 싸움을 말리기 위해 몸을 날려야 했습니다. 처음에는 치고받는 선생님과 학생 사이에 제 몸을 내던졌습니다. 그러나 그런 짓을 하면 양쪽의 '잘못 뻗은 주먹'을 맞게 됩니다. 저는 싸움 같은 건 질색인데 말입니다. 지금 와서 고백하자면 몇 차례 얻어맞은 뒤로는 폭력 사태가 일어났다는 말을 들을 때마다 화장실에 들어가 숨었습니다. 빨리 졸업해 학교에서 벗어나고 싶다는 바람뿐이었지요.

어느 쪽에서 보든 한심한 학생회 임원이지만 불량 학생들의 담배와 시너를 어떻게 해결해야 하느냐는 걱정은 있었습니다. 학생회에서 나름대로 고민한 끝에 그들이 담배나 시너를 하는 걸 발견하면 "그만둬!"가 아니라 "몸에 안 좋아!"라고 말하기로 했습니다. 지금 생각하면 그 시절부터 의존증의 회복 지원을 흉내 내고 있었던 것입니다.

우리가 열심히 참견했지만, 담배와 시너는 좀처럼 줄지 않았습니다. 하지만 의미 없는 일은 아니었습니다. 어느새 불량 학생들과의 거리가 좁혀지고, 그들 가운데 몇 명이 방과 후에 학생회실로 놀러 오게 된 것입니다.

그중 한 명이 히로였습니다. 히로는 우리 사이가 한동안 멀

어졌었다는 사실은 신경 쓰지 않는 듯 예전처럼 말을 걸어 주었습니다. 우리는 다시 친해졌습니다. 학교에서의 위치가 정반대인 두 사람이 함께 있는 광경은 조금 이상했을 겁니다. 히로는 여전히 아는 게 많고, 클래식 음악을 좋아했습니다. 자기 마음에 드는 곡을 카세트테이프에 녹음해 와서 들려주기도 했습니다. 머리를 염색하고 변형시킨 교복을 입고 있어도 히로는 예전 그대로였습니다. 옛날과 다른 점은 히로에게 항상 묘한 냄새가 난다는 것이었습니다. 담배와 시너가 섞인 냄새였습니다.

3학년 1학기가 끝나고, 여름 방학이 되었습니다. 저는 2학기가 되면 히로와 많은 이야기를 나눌 수 있을 거라 믿고 있었습니다. 하지만 그렇게는 되지 않았습니다. 히로가 여름 방학 중에 시너를 흡입하다 체포되어 소년원에 들어간 것입니다. 그다음에 만난 것은 중학교 졸업식 날이었습니다. 졸업식이 끝난 뒤 학생회실에 나타난 히로는 또다시 시너 냄새를 풍기고 있었습니다. 소년원에서 나온 지 하루밖에 되지 않았는데 말이지요.

그 뒤로 히로와 저는 서로 다른 길을 걸어갔기 때문에 다시 만날 일이 없었습니다. 졸업하고 5년 뒤, 대학생이 된 저는 고향에서 온 소식을 통해 히로가 교통사고로 죽었다는 사실을 알았습니다. 완전히 부서진 차 조수석에는 불법 약물이 놓여 있었다고 합니다.

사실은 달라지고 싶어

40년 전의 저는 학생회실에 불쑥 찾아오는 히로와 잡담을 나누기만 했습니다. 친구라고는 하지만 함께 담배나 시너를 할 생각은 전혀 들지 않았습니다. 아직 의존증이라는 단어도 모르고, 졸업식 날 시너 냄새를 풍기던 히로에게 그저 화가 났을 뿐이었습니다. 히로가 사는 방식을 받아들이면 내가 사는 방식을 부정하는 것 같은 생각이 들었습니다.

이제 와 생각해 보면 히로를 둘러싼 인간관계는 매우 쓸쓸했습니다.

험악해질 대로 험악해진 학교에서 많은 학생이 불량 학생들을 응원했습니다. 그 응원은 진심이었습니다. 그러나 한편으로는 불량 학생들과 거리를 유지하며 물들지 않으려고 조심했지요. 안전지대에서 조심스럽게 바라보는 느낌이라고나할까요? 히로의 입장에서 보면 친구들이 응원하거나 자신을 흉내 내는 것이 얄팍한 행동으로 보였을 겁니다.

또 당시의 히로는 혼자 사는 것과 다름없는 상태였습니다. 부모님이 이혼하여 어머니와 단둘이 살고 있었는데, 어머니는 자주 집을 비웠던 것 같습니다. 그리고 이건 어디까지나 저의 상상이지만 히로는 어려서부터 부모님에게 맞았던 게 아닐까 싶습니다. 선생님에게 맞아도 꿈쩍하지 않았던 것은 이미 얻어맞는 일에 익숙했기 때문이 아닐까요?

학교에서는 선생님과 맞서고, 주위 학생들은 멀리서 지켜보고, 밤이 되면 집에 덩그러니 혼자 남습니다. 그런 생활을 하면서 히로는 어디에 있든 불안함을 느끼고 있었을지도 모릅니다. '나에게는 있을 곳이 없다. 나 같은 건 차라리 없는 편이 낫지 않을까?' 가슴을 스치는 그런 생각에서 눈을 돌리기 위해 시너에 손을 댔고, 한번 손을 대자 자기 의지로는 손을 떼지 못하게 되었을지도 모릅니다.

만약 히로의 이야기에 귀를 기울여 주는 어른이 한 명이라도 있었다면 히로의 미래는 달라졌을 겁니다. 폭력을 두둔할 생각은 눈곱만큼도 없지만, 히로가 선생님에게 덤빈 것은 어떤 의미에서 우리 학생들의 마음을 대변하는 행동이었습니다. 말도 안 되는 규칙을 내세우면서 먼저 주먹을 휘두른 것은 선생님들이었으니까요. 한편 히로를 무턱대고 혼내지 않는 선생님도 몇 명 있었는데 히로는 그런 선생님들 수업에서는 아무런 문제도 일으키지 않았습니다. 그래서 더더욱 '히로를 신경 써 주는 사람이 있었더라면, 그 아이를 인정해 주는 곳이 있었더라면 얼마나 좋았을까?' 하는 생각을 떨칠 수가 없습니다.

저의 진료실에는 히로와 똑 닮은 소년들이 찾아오곤 합니다. 저는 그 아이들의 치기 어린 무용담을 들으며 "그것참 대단한걸?", "좀 하는데?", "똑똑하네." 하고 반응해 줍니다. 자랑하듯 무용담을 늘어놓으면서도 계속 병원에 다니는 아이들은 사실 '도움을 받고 싶다.', '달라지고 싶다.'고 생각하고 있습니다. 그 아이들을 만날 때마다 제 중학교 시절이 떠오릅니다. 지금은 압니다. 히로는 '의존증'이라는 병을 앓고 있었습니다. 히로에게 필요했던 것은 치료와 지원 그리고 사람과의 관계였던 것입니다.

세 가지 유형의 관계

히로를 포함해 지금까지 소개한 아이들은 다들 어떤 고민이나 괴로움을 안고 있었습니다. 약물이 되었든, 게임이 되었든, 자해가 되었든, 무언가에 기대지 않을 수 없는 상황에 부닥쳐 있었던 것이지요. 그런데도 누군가에게 도움을 요청하거나 상담하지 않았습니다. 그들이 다른 사람에게 기대지 않고 사물이나 행위에 의존하게 된 이유는 무엇일까요?

제1장에 등장한 에미는 자신감이 없었습니다. 초등학생 때 따돌림을 당했기 때문입니다. 따돌림을 당하면 누구나 처음에는 '어째서 내가 이런 꼴을 당해야 하지?' 하는 생각을 합니다. 그런데 따돌림이 길어지면 점차 따돌림당하는 상황을 받아들이게 됩니다. '내가 못나서 따돌림을 당하는 것'이라고 자신을 낮게 평가하는 것이지요. 이때 머릿속에 새겨진 생각은 따돌림이 끝나도 쉽게 지워지지 않습니다. 아무래도 성격이 소극적으로 변하기 때문에 적극적인 인간관계를 맺지 못하게 됩니다. 에미도 주위 사람들의 눈치를 보면서, 미움받지 않으려고 납작 엎드리는 버릇이 들었습니다. 좌절할 때마다 '역시 난 어쩔 수 없어.' 하는 생각이 도져서 점점 더 다른 사람을 대하기가 두려워졌지요. 살기 위해서는 '주위 사람들이 바라는 모습'이 되어야 한다고 생각한 에미는 약품을 입에 달고 살았습니다.

제2장의 소타는 집에서는 방치되고, 학교에서는 소외되어

마음 둘 곳이 없었습니다. 그런 그가 향한 곳은 밤거리를 헤매는 비행 청소년 집단이었습니다. 세상 사람들이 꺼리는 집단이어도 소타에게는 단 하나뿐인 안식처였습니다. '받아들여지고 싶다, 끈끈하게 연결되고 싶다.'는 바람이 소타를 마약으로 몰아가고 말았습니다. 마약은 그 비행 집단에서는 '후미에'*와 같은 것이 아니었을까요? 일부러 사람들의 눈살을 찌푸리게 하는 행동을 함으로써 소수자끼리의 결속을 강화하고, 이쪽과 저쪽을 나누는 것입니다.

제4장의 가이토는 교육열이 높은 부모님의 기대에 부응하기 위해 최선을 다했고, 명문 중학교에 입학했습니다. 그는 마음속 어딘가에서 '공부를 못하면 부모님이 용납하지 않을 것이다.'라고 생각했을 겁니다. 그래서 발끝을 들고 열심히 걸었습니다. 그런데 명문 사립 중학교에 들어가 보니 신동 소리를 듣던 과거는 온데간데없고, 그냥 평범한 학생이 되고 말았습니다. 그리고 더 이상 부모님의 기대에 부응하지 못한다는 절망적인 사실을 깨달았을 때 가이토는 게임을 만났습니다. 현

● 에도 시대 때 기독교인을 찾아내기 위해 사용한 판. 예수상이 새겨진 그 판을 밟고 지나가면 기독교 신자가 아니라는 사실이 증명되었다.

실 세계에서는 단역으로 추락했지만, 게임 세계에서는 주인공이 되어 칭찬받을 수 있었지요. 가이토가 왜 게임에 빠졌는지 이해할 수 있을 것 같습니다.

제5장의 메이는 어려서부터 언니와 비교당하는 바람에 자신의 존재 가치를 찾지 못했습니다. '나는 가치 없는 인간이다.'라고 굳게 믿고 있었지요. 이런 생각이 교우 관계에도 영향을 주어 메이는 친한 친구 앞에서도 자기 생각을 말하지 못했습니다. 가벼운 비판에도 자기 의견을 굽히고 말았지요. 그러던 중에 살이 조금 빠지자 주위에서 걱정해 주었습니다. 그것이 거식의 계기가 되었고, 거식은 과식을 불러왔습니다. 그리고 과식한 자신을 가치 없는 인간이라고 탓하며 몸에 상처를 내기 시작했습니다.

이렇게 살펴보니 그들의 고민과 고통 혹은 확신은 모두 사람과의 관계에서 시작되었다는 사실을 알 수 있습니다. 의존증의 뿌리에는 반드시 비뚤어진 인간관계가 있습니다. 저는 이런 비뚤어진 인간관계에는 '부정당하는 관계', '지배당하는 관계', '진실을 말하지 못하는 관계'라는 세 가지 유형이 있다고 생각합니다.

뭘 해도 핀잔을 듣는 '부정당하는 관계'는 마음에 상처를 줍니다. "그건 아니지.", "뭘 모르네." 하고 질책부터 당하면 누구든 마음이 무너지게 마련입니다. 물론 어른이 아이를 혼내는 일은 있겠지요. 법률이나 규칙을 내세워 행위를 부정하는 것은 괜찮지만 아이의 존재 자체를 부정하는 듯한 꾸중은 절대로 해서는 안 됩니다. 아무리 애써도 인정해 주지 않거나 전혀 관심을 두지 않는 것도 부정당하는 관계입니다. 폭력이나 따돌림은 더 말할 것도 없지요.

한편, 동의를 강요당하면 그것은 '지배당하는 관계'라고 할 수 있습니다. 이러한 관계도 우리 마음을 재기 불능 상태에 빠뜨립니다. 예를 들어 부모가 아이를 때리고 나서 온화한 목소리로 "너를 위해 그런 거야."라고 말하면 아이는 어떤 반박도 하지 못합니다. 부모의 지나친 기대가 지배당하는 관계를 낳는 경우도 있습니다. 부모 입장에서는 교육열이라고 생각한 것이 아이에게는 협박인 경우도 드물지 않지요.

부정당하는 관계나 지배당하는 관계는 사람을 거짓말쟁이로 만듭니다. 부정당할 바에야 차라리 먼저 부정하는 편이 낫다고 생각해 스스로 관계를 끊어 버릴 수도 있습니다. 지배당하는 관계에 놓여 감정을 억누르다 보면 진짜 감정은 가두고 자기 자신에게 거짓말을 하게 됩니다. 결과적으로 '진실을 말하지 못하는 관계'가 생겨납니다.

'부정당하는 관계', '지배당하는 관계', '진실을 말하지 못하는 관계'. 이 세 가지 관계는 공통적으로 마음에 상처를 입힙니다. 의존증에 빠지는 많은 사람이 매일 이런 관계 속에서 자신을 소중히 여기는 마음, 사람을 믿는 마음을 잃습니다. 그래서 의존증 환자는 남에게 기대지 못하고 혼자 발버둥 칩니다. 말하자면 의존증이란 '사람에게 의존하지 못하는 병'입니다.

있는 그대로의 모습

에미, 소타, 가이토, 메이 그리고 히로. 이 아이들은 모두 마음에 상처를 입고 있었습니다. 아이들을 둘러싼 인간관계가 그들 마음의 뿌리 깊은 곳에, '있는 그대로의 나로는 안 된다.'라는 생각을 심어 준 건 아닐까요? '주위 사람들이 기대하는 내가 되지 않으면 인정받지 못한다.', '위험한 다리를 건너지 않으면 무리에 낄 수 없다.', '성적이 뛰어나지 않으면 의미가 없다.', '언니처럼 되지 않으면 가치가 없다.' 같은 생각들은 숨 막히는 가치관입니다. 어떤 조건을 통과해야 사랑받는데 좀처럼 통과할 수가 없습니다. 그래서 조건을 통과하기 위해 혹은 통과하지 못하는 상황과 타협하기 위해 약물이나 게임, 자해의 힘을 빌린 것입니다.

그들을 보면서 '어린애처럼 생떼를 부리는 거 아니야?'라고 생각하는 사람도 있을지 모릅니다. 건전한 인간관계 안에 있는 사람은 많든 적든 자기 자신을 긍정적으로 바라보는 마음이 있습니다. 가끔 장애물에 걸려 넘어지거나 실패한다고 해도 좌절과 실패도 포함해 자신의 인생을 스스로 조정해 나가면 된다고 생각합니다.

하지만 부정당하고 지배당하는 관계 안에서 살아온 아이들은 자기 인생을 스스로 조정하지 못할 뿐 아니라 자기에겐 처음부터 조정할 자격이 없다고 느낍니다. 자신의 인생에서조차 주인공이 되지 못하는 것이지요. 이처럼 슬픈 일이 또 있을까요? 그들은 약물에 취해 있는 동안, 게임을 하는 동안, 자해하는 동안에 인생의 주인공이 될 수 있었던 것입니다. 비록 그것이 한순간의 공상이었다고 해도 말이지요.

약물에 손을 대거나 게임에 빠지거나 자해하는 아이가 여러분의 눈에는 '문제를 일으키는 아이'로만 보일지도 모릅니다. 그런데 문제를 일으키는 쪽은 '문제에 빠진 아이'입니다. 치료나 지원으로 충분히 회복할 수 있는 아이지요. 그들에게 필요한 것은 인간관계의 회복입니다. 자신을 상처 입히지 않는, 안심할 수 있는 인간관계를 확보하는 일이지요. 이를 위해서는 '있는 그대로의 모습을 받아들여 주는 관계'가 필요합니다. 그런 인간관계는 서로의 다름을 인정하는 데에서부터 시작됩니다.

사람은 저마다 다른 의견을 가지고 있고, 다른 감정을 안고 있습니다. 소중하게 여기는 것도 제각각입니다. 그 다름에 우열을 가리거나 어느 쪽이 옳은지를 정하지 말고 '너는 그렇구나. 나는 이래.' 하며 평등하게 대화하고, 서로 존중한다면 편안하게 지낼 수 있겠지요.

흔히 일본인은 동조 압력●에 쉽게 굴복한다고 말하는데, 찬성할 수 없는 의견에까지 동조할 필요는 없습니다. 동조와 존중은 다릅니다. 싸움이나 말다툼은 하지 않지만, 속마음도 솔직하게 털어놓을 수 없다면, 그것은 결국 서로 눈치를 보는 관계일 뿐입니다. 좋고 싫음을 솔직하게 말할 수 있어야 하고, 나아가 '나는 이렇게 생각하니까 당신도 이렇게 하세요.'라고 압박하지 말아야 합니다. 그런 관계라면 서로 편안해질 수 있

●　집단에서 다른 사람들과 의견을 맞춰야 한다는 무언의 압력.

겠지요.

　그중에는 아무리 노력해도 뜻이 맞지 않는 사람도 있을 겁니다. 사람은 누구나 호불호가 있고, 부러움과 질투라는 감정도 있습니다. 자신에게는 도저히 이해되지 않는 말과 행동을 하는 사람 때문에 곤란할 때도 있을 겁니다. 미지의 세계에 대한 두려움은 누구에게나 있습니다. 이러한 감정을 억누를 필요는 없습니다. 다만 내가 싫다거나 나를 곤란하게 만드는 상대라고 해서 차별하거나 제외해서는 안 됩니다. 그러면 자신의 척도로만 모든 일을 판단하게 되기 때문입니다.

　있는 그대로의 모습을 받아들이는 관계는 모두에게 편안한 관계입니다. 그런데 이런 관계를 만드는 것은 그리 어렵지 않습니다. 나와 타인의 차이를 받아들이고, 나와 타인이 대등하다는 사실을 즐기면 되니까요. 그리고 힘들어하는 사람이 있으면 "왜 그래?", "괜찮아?" 하고 말을 걸어 주면 됩니다.

　여러분 나이 때는 가정과 학교가 인간관계의 대부분을 차지할 겁니다. 특히 부모 자식 사이에서는 '있는 그대로의 모습을 받아들이는 관계'를 만들어 가는 일이 오히려 어려운 경우도 있습니다.

　부모님의 가치관을 강요당하면 숨 막히는 기분이 들지요.

그 이면에 어른의 편견이나 선입견이 숨어 있기 때문입니다. "젊었을 때 게으름을 피우면 앞으로의 인생이 비참해진다."라고 말하는 사람은 젊은 시절에 게으름을 피우지 않았을까요? 그렇지는 않을 겁니다. "네가 걱정돼서 그래."라고 말하며 행동이나 선택을 제한하는 것 역시 아이의 판단 능력을 믿지 못하는 모습처럼 보입니다. 온종일 감시하는 일은 '너 혼자서는 아무것도 못 한다.'고 말하는 것과 다름없습니다.

저는 여러분에게 부모님과는 다른 가치관을 가진 어른도 있다는 사실을 알려 주고 싶습니다. 그건 선생님에게도 해당하는 말입니다. 물론 부모님이나 선생님의 말이 맞을 때도 있습니다. 하지만 항상, 모든 부분에서 그렇다는 보장은 없습니다. 부모님이나 선생님과는 다른 사고방식이나 삶의 방식을 가진 어른도 얼마든지 있습니다. 어느 쪽이 옳고 그른지, 위인지 아래인지를 따지려는 게 아니라 선택지는 무한하다는 말을 하려는 겁니다.

여러분 대부분은 어느 정도 나이가 들 때까지 가정과 학교가 주된 활동 무대가 되겠지요. 그곳에 몸을 두고 살면서도 바깥 세계를 살짝 엿보는 방법은 있습니다. 그중 하나가 책을 읽는 것입니다. 책을 읽으면 시간과 공간을 뛰어넘어 온갖 인생을 접할 수 있습니다. 만화 영화나 만화, 이야기가 있는 게임도 다양한 삶을 들려줍니다. 인터넷 검색도 좋습니다. 자유롭게 클릭해서 관심 분야를 넓혀 나갑시다. 기왕이면 좋아하는 것만 보지 말고, 폭넓은 정보를 접할 것을 권합니다.

그리고 또 한 가지, 여러분 주위의 어른 가운데 묘하게 붕 떠 있는 사람이 있지 않나요? "저 녀석은 안 된다."라는 말을 듣는 친척이나 '괴짜' 취급받는 선생님처럼요. 그런 사람은 아마 다수의 사람과는 다른 의견을 가지고 있을 겁니다. 그래서 '이렇게 생각할 수도 있구나!'라고 느낄 만한 재미있는 이야기를 해 줄지도 모릅니다.

낙원 쥐와 식민지 쥐

의존증은 사람에게 의존하지 못하는 병이고, 의존증에 걸리면 사람과의 관계를 회복해야 한다고 했는데, 이를 과학적으로 뒷받침할 만한 흥미로운 실험이 있습니다. 1978년 캐나다의 사이먼 프레이저 대학교에서 브루스 알렉산더 박사 연구 팀이 실시한 실험입니다.

우선 수컷 쥐 16마리, 암컷 쥐 16마리, 모두 32마리를 준비

합니다. 그리고 수컷과 암컷을 섞은 다음, 무작위로 두 개의 그룹을 만듭니다.

첫 번째 그룹 16마리는 넓은 우리에서 지내게 합니다. 우드칩을 깐 바닥은 푹신푹신합니다. 칸막이가 없어서 함께 놀고, 장난치고, 짝짓기를 하는 등 자유롭게 어울릴 수 있습니다. 달리면 뱅글뱅글 돌아가는 쳇바퀴도 있고, 몸이 들어가는 빈 상자와 빈 깡통도 군데군데 놓여 있습니다. 먹이는 원할 때 원하는 만큼 먹을 수 있습니다. 마치 쥐의 낙원 같습니다. 이 그룹의 쥐를 '낙원 쥐'라고 부릅니다.

두 번째 그룹의 16마리는 한 마리씩 우리에 넣습니다. 우리와 우리 사이에는 판자가 있어서 다른 쥐의 모습은 보이지 않습니다. 다른 쥐와의 교류를 차단당한 채 좁은 우리 안에서 가만히 있을 수밖에 없습니다. 먹이는 정해진 시간에 정해진 양만 먹을 수 있습니다. 조금 가엾지요. 이 그룹의 쥐를 '식민지 쥐'라고 부릅니다.

두 그룹에 두 종류의 마실 것을 줍니다. 맹물과 모르핀이라는 의존성이 강한 마약을 넣은 물입니다. 모르핀 물은 쓴맛 때문에 설탕을 더해서 쥐가 마시기 편하게 만들었습니다. 양쪽 그룹 모두 두 가지 물을 언제든 원하는 만큼 마실 수 있도록

첫 번째 그룹
'낙원 쥐'

모르핀을
넣은 물

맹물

놀 수 있는 쳇바퀴와 빈 상자 등이 놓여 있고, 바닥은 우드 칩을 깔아 푹신푹신하다. 밥은 원할 때 원하는 만큼 먹을 수 있고, 쥐들은 자유롭게 움직이며 어울릴 수 있다.

두 번째 그룹
'식민지 쥐'

모르핀을
넣은 물

맹물

쥐들은 각각 다른 우리에 들어가 있고, 좁아서 자유롭게 움직일 수 없다. 다른 쥐의 모습은 보이지 않는다. 먹이는 정해진 시간에 정해진 양만 먹을 수 있다.

해 놓고 57일 동안 관찰했습니다.

57일 뒤, 두 그룹에서 커다란 차이가 나타났습니다. 식민지 쥐는 16마리 모두 맹물보다 모르핀 물을 많이 마셨습니다. 그 양은 날이 갈수록 늘어났고, 쥐들은 모르핀의 영향으로 매일매일 비틀거리며 돌아다녔습니다.

낙원 쥐는 어땠을까요? 모든 쥐가 처음에는 맹물과 모르핀 물을 맛봤습니다. 하지만 얼마 지나지 않아 16마리 가운데 15마리가 맹물만 마셨습니다. 한 마리만 모르핀 물을 가끔 홀짝였는데, 그조차도 식민지 쥐의 20분의 1밖에 안 되는 양이었습니다. 여러분은 이 결과를 어떻게 받아들이시나요?

이 실험은 '어떤 상황에서 의존증에 걸리기 쉬운가'를 보여 줍니다. 자신의 뜻대로 먹을 수도 없고, 자유롭게 돌아다닐 수도 없고, 다른 쥐와의 교류도 끊긴 식민지 쥐는 모르핀 물을 계속 마심으로써 결국 의존증에 걸리고 말았습니다. 식민지 쥐는 힘든 환경에서 버티기 위해 모르핀에 취해야만 했을 겁니다. 한편 낙원 쥐의 행동은 달랐습니다. 모르핀 물을 마셔보고 그 쾌감을 경험했음에도 불구하고 맹물을 택했지요. 아마도 마약이 주는 쾌감보다 자유롭게 돌아다니는 것이나 동료와의 교류가 더 즐거워서였을 겁니다.

이 실험을 통해 현재가 숨 막히고, 외롭고, 고립된 사람이 의존증에 빠지기 쉽다는 사실을 알 수 있습니다.

비슷한 실험이 많이 있는데 원숭이 실험 하나만 더 소개하겠습니다. 이 실험은 원숭이 산*에서 실시되었습니다. 원숭이에게 코카인을 주고 그 쾌감을 느끼게 한 다음, 언제든 원할 때 코카인을 섭취할 수 있게 하면서 한동안 관찰했습니다.

상하 관계가 엄격하고 싸움이 끊이지 않는 원숭이 산에서는 일부 원숭이가 반복해서 코카인을 섭취했습니다. 강한 원숭이에게 괴롭힘을 당하는 원숭이들이었습니다. 참고로, 괴롭히는 원숭이는 코카인을 그다지 섭취하지 않았습니다. 반대로 싸움이 적고 평화로운 원숭이 산에서는 어땠을까요? 차이가 명확했습니다. 코카인을 섭취하는 원숭이가 거의 없었습니다.

원숭이의 세계는 쥐의 세계보다 복잡합니다. 무리에서 상하 관계가 발생하는 등 인간 사회와 가까운 부분이 있지요. 원숭이 실험에서도 쥐 실험과 공통된 결과가 나왔습니다. 이로써 의존증에 걸리기 쉬운 사람은 지금 무척 괴로운 상황에 놓여 있을 거라는 사실을 알 수 있습니다.

●　동물원 등에서 원숭이 무리가 사는 인공 산.

힘들 땐 의지해도 돼

낙원 쥐와 식민지 쥐 실험은 뒷이야기가 있습니다. 57일 동안의 관찰을 끝낸 뒤, 모르핀 물을 계속 마셔서 의존증에 빠진 식민지 쥐 가운데 한 마리를 낙원 쪽으로 옮긴 것입니다.

식민지 쥐는 처음에는 새로운 환경과 낯선 쥐들 앞에서 무료한 모습을 보였습니다. 다른 16마리와 떨어진 채 혼자 모르핀 물을 마시며 여전히 취해 있었지요. 그런데 낙원 쥐 중에서도 호기심이 강한 쥐 한 마리가 식민지 쥐에게 다가왔습니다. 콕콕 찌르기도 하면서 함께 놀려고 시도했지요. 얼마 지나지 않아 다른 쥐도 다가와 어울리게 되었습니다. 이렇게 점점 친숙해지고 사이가 좋아져서 식민지 쥐는 언젠가부터 낙원의 일원이 되었습니다. 그러자 식민지 출신 쥐에게 변화가 생겼습니다. 모르핀 물을 멀리하고 맹물을 마시게 된 것입니다. 갑자기 마약을 끊으면 금단 증상이 나타납니다. 식민지 출신 쥐는 움찔움찔 경련을 일으키며 힘들어했습니다. 하지만 모르핀 물을 마시지 않고 참았습니다. 며칠 동안 이어진 금단 증상을 견뎌 낸 식민지 쥐는 이후 몰라보게 건강해졌고 동료들과 즐겁게 지내면서 맹물만 마시게 되었습니다.

의존증에 걸린 식민지 쥐는 뇌가 공중 납치를 당해서 모르핀 물 없이는 견디지 못하게 되었을 겁니다. 그런데 다른 쥐와 교류하면서 스스로 그걸 끊어 냈습니다. 도대체 어떻게 된 일일까요?

저는 이렇게 생각합니다. 의존증에 걸린 사람이 회복하는 데 중요한 것은 그 사람을 '혼자 두지 않는 것'이라고 말입니다. 차별하거나 제외하지 않고 모두가 손을 내밀어 주고, 관심을 보이고, 고립시키지 않아야 합니다. 아무리 강력한 약물이라 할지라도, 아무리 깊이 빠져 있는 행위라 할지라도 그것이 사람과의 관계를 넘어서지는 못합니다.

'의존'의 반대는 '자립'이라고 말하는 이도 있습니다. 그렇다면 의존증에 빠지는 사람은 자립하지 못했다는 뜻일까요? 자립이라는 말은 때로 '다른 사람의 도움을 받지 않고 스스로서는 일'이라고 해석되어 조금 까다롭습니다. 애초에 자립이란 무엇일까요?

지금 여러분이 어떤 문제를 안고 있다고 해 봅시다. 인터넷에서 검색해도, 책이나 잡지를 뒤져 봐도, 무슨 수를 써도 해결이 안 됩니다. 그래도 혼자서 어떻게든 해 보는 것이 자립일까요? 저는 그것을 단순한 고집이라고 생각합니다. 혼자서 해결할 수 없을 때는 다른 사람에게 의지하면 됩니다. 알 것 같은 사람을 찾거나, 아는 방법을 떠올려 줄 만한 사람이나 함께 생각해 줄 만한 사람과 의논하면 됩니다. 서로 다른 정보가 몇 가지씩 나와서 고민이 될 때는 대화를 나누면 됩니다. 그런 식으로 될 수 있는 한 다른 사람에게 많이 의지하면서 해결책을 찾는 것이 진정한 자립입니다.

'혼자 생각하는 게 좋다.'는 사람도 있을 겁니다. 혼자 생각하는 것 자체에 대해서는 대찬성입니다. 저는 지금까지 의존증의 배경으로 '고립'이라는 단어를 사용해 왔습니다. 곤란할 때 의지할 만한 사람이 없다면 그것은 고립된 상태입니다. 그런데 때로는 다른 사람에게 의지하지만, 때로는 혼자서 생각하고 싶다면 그것은 '고독'입니다. 고독은 나쁘지 않습니다. 고독한 시간은 우리에게 꼭 필요한 시간입니다. 자신을 둘러싼 인간관계에서 한 발짝 떨어져 혼자만의 시간을 가지고 사색한 뒤에 다시 한번 그 관계 속으로 돌아가는 것입니다. 그렇게 다른 사람과의 관계와 고독을 오가면서 살아가는 일은 지성이며 교양입니다.

앞에서 낙원 쥐의 우리에 '쥐가 쏙 들어갈 수 있는 빈 상자와 빈 깡통'이 놓여 있었다고 했지요? 실험 보고에서는 언급하지 않았지만 저는 이 상자와 깡통에도 의미가 있다고 생각합니다. 쥐들은 원할 때 원하는 만큼 소통하고, 이에 지치면 한동안 상자나 깡통 안에 틀어박혀 있지 않았을까요? 그러다 지루해지면 다시 밖으로 나와 동료들과 어울립니다. 고독할 자유는 우리에게 없어서는 안 될 것이라는 생각이 듭니다.

그럼 이제 자립에 관한 이야기로 돌아갑시다.

누군가에게 의지하려면 우선 의지할 만한 사람이 있어야 합니다. 그런데 조금 이상하지 않나요? 사람에게 상처를 주는 것도 사람인데, 사람을 위로하는 것 역시 사람이라는 사실이 말입니다. 자신에게 상처를 주는 사람을 완벽하게 피해 가며 살아갈 수는 없습니다. 그래서 평소에 누군가와 돈독한 관계를 맺어 두는 일이 중요합니다. 상처받았을 때 가장 가까이 있는 것이 약물이나 게임이냐, 그렇지 않으면 자기 이야기를 들어줄 사람이냐가 의존증에 빠질지 빠지지 않을지를 가르는 분기점이 됩니다.

의지할 수 있는 사람이 여럿일수록 더 좋습니다. 아주 많이 의지하는 사람이라 할지라도 한 사람에게만 매달리는 것은 위험합니다. 그 사람이 쓰러지거나 외면하면 곧바로 고립되기 때문입니다. 부모님, 친척, 담임 선생님, 학교 상담 선생님, 선배, 같은 학교 친구, 다른 학교 친구, 취미가 같아서 가까워진 친구 등 가능한 한 범위를 넓히는 것이 좋습니다. 그중에는 안심하고 의지할 수 있는 사람과 그렇지 않은 사람이 있겠지요. 언제나 변함없는 태도로 대등한 입장에서 이야기를 들어주는 사람이라면 아마 괜찮을 겁니다. 그 사람이 어떤 사람인지 판단이 서지 않을 때는 서서히 다가갔다가 아니다 싶으면 돌아옵시다. 괜찮겠다 싶으면 한 발 더 다가갑니다. 이런 식으로 단계를 밟아 가며 관계를 확인하는 게 좋습니다.

2015년 영국의 작가이자 언론인인 요한 하리Johann Hari가 의존증에 관한 좋은 발언을 했습니다. 소중한 사람이 약물 의존증으로 괴로워하는 모습을 보고 언론인의 시점에서 '사람이 의존증에 빠지는 이유'를 연구한 사람입니다. 그는 발언을 매듭지으며 "의존addiction의 반대는 자립이 아니라 유대connection"라고 주장했습니다. 매우 날카로운 지적입니다.

또 제가 존경하는 소아과 의사 구마가야 신이치로 선생님은 "자립하려면 의존할 곳을 늘려야 한다."라고 했습니다. 구마가야 선생님은 태어난 지 얼마 되지 않아 뇌성 마비로 손발을 움직이는 게 어려웠습니다. 전동 휠체어를 타고 소아과 의사로 일하고 있습니다. 구마가야 선생님의 말을 들었을 때 저는 눈이 번쩍 뜨였습니다.

혼자서 이를 악물고 노력하는 것이 자립이 아니라는 사실을 깨달았기 때문입니다. 누구에게도 의지하지 않고 나 홀로 살아갈 수 있는 사람은 없습니다. 의지할 사람을 조금씩 늘려서 도움을 받으며 살아가는 일이 자립입니다. 많은 사람에게 의존하는 것이야말로 의존증에 빠지지 않는, 또 의존증을 극복하기 위한 최선책입니다.

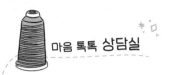

마음 톡톡 상담실

도망칠 곳을
만드는 방법

Q 지금 당장 집을 나오고 싶습니다.

엄마에게 감시당하며 살고 있습니다. 엄마는 제가 아버지와 같은 대학에 진학하기를 바라는 것 같습니다. 모의고사 결과가 좋지 않으면 본인 탓을 하며 우세요. 저는 아직 장래에 뭘 할지도 정하지 않았는데 말이에요. 부모님을 속상하게 하고 싶지는 않지만 이제 지긋지긋합니다. 이곳에서 벗어나고 싶습니다.

에멘탈 중학교 3학년 네즈타카

A 영리하게 계획을 짭시다.

지금 굉장히 괴롭겠군요. 그런 상황에서도 부모님을 속상하게 하고 싶지 않다는 걸 보면 네즈타카 학생은 주변을 잘 살피는 사람인 것 같습니다.

어머니가 아들을 사랑하는 마음에 거짓은 없다고 생각합니다. 그렇다고 아들 성적에 본인 탓을 하면서 우시면 아무 말도 할 수가 없겠지요. 제 눈에는 어머니가 자신에 대한 사람들의 평가를 무척 신경 쓰는 것처럼 보입니다. 그러나 그로 인한 부담을 네즈타카 학생이

짊어질 필요는 없습니다.

지금 당장 집을 나오고 싶은 마음은 알겠지만, 중학생이나 고등학생이 독립하는 것은 어려운 일입니다. 길게 봤을 때 네즈타카 학생에게 득이 되지도 않을 겁니다.

힘들겠지만 고등학교를 졸업할 때까지 어떻게든 버티세요. 그리고 집에서 먼 대학에 들어가면 어떨까요? 어머니는 아버지와 같은 대학에 입학하기를 바라는 것 같지만 이름이 알려진 대학이라면 다른 곳이라도 이해해 주시지 않을까요? 지금 빨리 많은 정보를 수집하면서 공부하고 싶은 분야를 찾아보는 게 좋을 것 같습니다. 대학 진학까지 3년 남았습니다. 조금씩 계획을 짭시다.

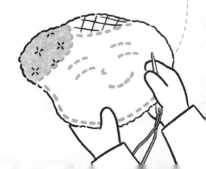

제7장

빠지기 전에
빠져나올 수 있다면

사회와 의존의 바람직한 관계

신문 기사에서 다루는 의존증

어떤 유명 인사가 불법 약물을 사용한 혐의로 체포되었다고 해 봅시다.

그 사람을 태운 호송차®가 느릿느릿 경찰서로 향합니다. 언론사에서 나온 기자들이 일제히 차를 둘러싸고 쉴 새 없이 플래시를 터뜨립니다. 호송차의 커튼은 무슨 까닭인지 적당히 열려 있고, 수많은 카메라 렌즈가 커튼 틈으로 유명 인사의 표정을 포착합니다.

언론의 추적은 그 뒤로도 이어집니다. 그가 구치소에서 나올 때는 정문 근처에서 다시 플래시가 마구 터집니다. 유명 인

● 경찰이 수용자를 이송할 때 사용하는 차량.

사는 고개를 푹 숙이고 사죄합니다. 그 모습이 전국으로 보도되면 고개를 숙이는 모습이 어쨌네, 옷차림이 어쨌네 하며 입방아에 오릅니다. 사과를 한 후 차에 올라타면 이번에는 추격전이 시작됩니다. 여러 대의 차량이 뒤를 따르고, 심지어 헬리콥터까지 등장합니다. 이렇게 되면 가족과 이웃에게 피해가 갈 것이 걱정되어 집으로 돌아가기를 포기할 수밖에 없습니다. 그래서 한동안은 호텔에서 지냅니다.

하지만 아직 끝나지 않았습니다. 언론은 그 사람의 나이 든 부모에게까지 마이크를 들이밀며 사죄를 요구합니다. 그다지 친하지도 않았던 고향 친구들까지 인터뷰하고, 옛날 사진을 긁어모읍니다. 그렇게 손에 넣은 단편적인 정보를 짜 맞춰 마치 직접 보고 온 것처럼 이야기를 만들어 낸 다음 '○○○의 마음의 어둠' 같은 제목을 단 기사를 싣습니다.

언론의 그늘은 집행 유예◦ 중에도 사라지지 않고 심지어는 치료 현장까지 드리웁니다. 진료 날짜를 용케 알아내 진료 당일 병원으로 기자들이 몰려갑니다. 체포된 지 반년이 지나 회복의 길을 걷기 시작한 뒤에도 같은 일이 있을 때마다 당시의

◦   유죄 판결 후에 형의 실행을 미루는 기간.

일을 다시 문제 삼고, 체포되던 때의 영상을 내보냅니다.

이것은 꾸며 낸 이야기입니다. 하지만 흔히 있는 이야기지요. 여러분도 뉴스에서 이와 쏙 빼닮은 특종을 접한 적이 있을 겁니다. 그것도 한두 번이 아니라 여러 번씩이나요.

그렇다면 이제 질문하겠습니다. 이 책을 여기까지 읽은 여러분은 이런 특종을 어떻게 생각하나요? 예전 같으면 '법을 어겼으니까 어쩔 수 없지.'라고 생각했을지도 모릅니다. 그러나 의존증의 배경에 무엇이 있는지를 안 지금, 이와 같은 보도 방식이 부자연스럽게 느껴지지는 않나요?

법률로 금지된 약물을 사용한 것은 물론 잘한 일이 아닙니다. 법 규정을 어기면 체포되는 것은 당연한 일이지요. 그렇다고는 해도 온 나라를 뒤흔든 연쇄 살인 사건이나 거물 정치인의 부정부패 사건 등과는 사정이 다릅니다. 이렇게까지 사람들 앞에서 창피를 주고 구경거리로 만들 필요가 있을까요? 예를 들어 호송차 커튼은 원래 사생활 보호를 위해 닫혀 있어야 합니다. 그런데 마치 '자, 어서 찍으세요.' 하는 것처럼 얼굴이 보이게 열려 있는 것은 아무리 생각해도 자연스럽지 못합니다. 여기저기 쫓기는 바람에 집으로 돌아가지 못하면 몸도 마음도 쉴 수 없습니다. 잘 알지도 못하는 사람이 자신의 과거에 대해 이러쿵저러쿵 떠드는 것도 견디기 어려운 일입니다. 게다가 치료받고 있는데 소란을 떠는 일은 회복의 기회를 빼앗는 것이나 다름없지요. 이런 식의 보도가 계속되면 당사자뿐 아니라 가족도 눈칫밥을 먹게 될 겁니다. 이렇게까지 하는 것은 지나친 '본보기' 같다는 생각이 듭니다.

또 이런 보도가 나올 때마다 해설자들이 자주 말하는 '자기 책임'이라는 단어도 마음에 걸립니다. 이 단어에는 '자기 일은 자기가 어떻게든 해결해라.', '남에게 폐를 끼치지 마라.'라는 사회적 통념 같은 것이 포함되어 있습니다. 하지만 의존증에 걸리는 사람 대부분이 고민이나 괴로움, 정신적인 아픔을 안고 있습니다. 그 배경에는 과거의 따돌림이나 학대, 더할 수 없는 정신적 중압감이나 갈 곳 없음, 나아가서는 비뚤어진 인간관계 등 본인의 힘으로는 도저히 해결할 수 없는 문제가 놓여 있습니다. 이 모두를 자기 책임이라는 단어로 정리하려 하는 사회를 어떻게 받아들여야 할까요?

언론은 '보도함으로써 또 다른 약물 남용을 미연에 방지할 것'이라는 논리로 자신들의 행동을 정당화합니다. 하지만 제 입장에서 볼 때 이러한 과잉 보도는 의존증에서 회복하려는 사람의 발목을 잡는 것이라고 생각됩니다.

먼저 보도할 때 '항상'이라고 해도 좋을 정도로 자주 사용하는 약물 이미지 사진은 안 좋은 영향을 줍니다. 각성제의 하얀 가루나 주사기, 연기를 마시는 듯한 사람의 그림자 같은 영상은 회복에 방해가 됩니다. 가까스로 트리거를 피하며 사는 사람을 자극해서 뇌에 새겨진 약물에 대한 욕구를 불러일으키게 만들지요. 아울러 이런 식의 보도는 회복을 위해 노력하는 다른 사람들에게도 안 좋은 영향을 끼칩니다. 병원에 가거나 자조 그룹에 참여하며 회복하려 애쓰고 있을 때 예전의 자기 같은 사람이 여론의 뭇매를 맞는 모습을 보면 어떤 생각이 들까요? '역시 세상은 우리를 이런 식으로 보고 있구나.', '애써 회복해 봤자 돌아갈 곳이 없다.'라고 생각하며 마음의 문을 닫겠지요. 결과적으로 미연에 방지하기는커녕 의존증을 극복하려 하는 사람을 제자리로 돌려놓고 마는 것입니다.

보이는 게 전부가 아니야

물론 시청자가 원하기 때문에 언론이 지나치게 보도하는 것도 사실입니다. 그런데 사람들은 왜 본보기를 원하는 걸까요? 인간에게는 성공한 사람이 몰락하는 모습을 보고 싶어 하는 못된 마음이 있기 때문입니다. 안타깝지만 그런 못된 마음은 저에게도, 그리고 여러분에게도 있을 겁니다. 그렇기 때문에 언론은 이를 오락거리로 만들고, 사람들은 그것을 즐깁니다. 그러나 남의 불행을 자기 마음의 자양분으로 삼는 것은 헛된 일입니다. 누군가의 실패를 발판 삼아 행복을 느껴 봤자 결국 마음을 속이는 것에 불과하니까요.

본보기에 반응해서 이때다 하고 맹비난을 퍼붓는 사람도 있습니다. 거기에는 '군중 심리'가 작용하고 있습니다. 군중 심리는 따돌림을 분석할 때도 사용되는 말인데, 집단 안에서 다수에게 동조해 개개인이 생각하기를 포기한 결과, 집단으로서의 행동이 격렬해지는 일을 가리킵니다. SNS의 악플도 이와 비슷한 면이 있습니다. 모두가 일제히 특정 개인을 비난하는 사이에 자신이 내던지는 말의 의미나 무게를 생각지 않고 도를 넘어서는 것입니다.

부디 이런 분위기에 휩쓸리지 말기를 바랍니다. 커뮤니티의 규칙을 깬 사람은 어떤 일을 당해도 상관없는 건가요? 그것이야말로 낡고 난폭한 사고방식입니다. 왜 그랬는지, 배경에 뭔가 다른 문제가 숨어 있지는 않은지 살피려 하는 사람이 많아져야 사회가 좋은 방향으로 나아갈 수 있습니다.

다수파 안에 섞이면 어떤 의미에서는 편합니다. 다들 싫어하는 선생님이 있을 때 함께 싫어하는 게 무난하겠지요. 누군가가 따돌림을 당하고 있을 때 하나가 되어 그 아이를 밀어내는 쪽에 서면 자신을 지킬 수 있습니다.

때로는 일치단결해서 힘을 모아야 하는 경우도 있을 겁니다. 하지만 잘못된 일에까지 단결해야 할 필요가 있을까요? 고집을 부리라거나 완고해지라는 뜻이 아니라 나중에 돌아봤을 때 부끄럽다고 생각할 만한 일은 하지 않는 게 좋다는 말입니다. 모두가 같은 방향을 바라보고 있을 때야말로 한 발짝 떨어져 지켜볼 때입니다. 다들 열광하고 있을 때일수록 냉정해지기를 바랍니다. 만약 마음속 어딘가에서 부자연스러움을 느낀다면 그 이유가 무엇인지 생각해 보세요.

가치관은 시대의 흐름과 함께 변합니다. 그리고 가치관이 변하면 규칙도 변합니다. 예를 들어 영국 잉글랜드와 웨일스에서 1967년에는 동성애가, 2013년에는 동성 결혼이 법률로 인정되었습니다. 하지만 과거 1800년대 후반의 영국에서는 동성애를 범죄로 여기던 시절도 있었습니다. 동성애자들은 경찰에 감시당하고 군중에게 엄청난 차별을 받았습니다. 요즘에는 생각조차 못 할 일이 태연하게 벌어졌던 것입니다. 한국도 비슷한 것으로 알고 있지만 일본에서는 일찍이 한센인▲에 대한 인권 침해가 심각했습니다. 국가 정책을 통해 사회에서 떨어진 시설에 한센인들을 강제 수용하고, 아이를 낳지 못하도록 수술시킨 사례도 있습니다. 남아프리카공화국에서 행한 인종 격리 제도, 나치가 저지른 유대인 학살도 그 시대, 그 나라에서는 합법이었습니다.

이러한 역사에서 배워야 할 교훈이 있습니다. 그것은 우리가 지금 당연하다고 생각하는 일이 시대가 변하면 어처구니 없어할 만한 일인지도 모른다는 사실입니다. 여러분이 다니는 학교의 교칙도, 어른들이 내세우는 상식도, 우리가 따르고 있는 법률도, 의존증 환자들이 받는 처벌도, 몇십 년이나 몇백 년 뒤에는 말도 안 된다는 말을 들을 가능성이 있습니다.

한편, 시대와 문화를 초월해서 항상 '악惡'하다고 평가받는 일이 있습니다. 바로 다른 사람을 해하는 일과 남의 재산을 훔치는 일입니다. 그것만은 틀리지 않았을 겁니다. 반대로 말하면 이것 외의 일에 대해서는 무엇이 옳고 무엇이 그른지를 자

▲ 세균의 일종인 나균에 의한 만성 감염병으로, 1873년에 노르웨이의 의학자 한센이 최초로 나균을 발견한 데에서 이름이 유래되었다.

기 힘으로 생각해야 한다는 뜻입니다. 교칙이나 법률을 무시해도 된다는 말이 아닙니다. 왜 그렇게 되었는지를 생각해서 다른 사람과 의견을 주고받는 습관을 들였으면 좋겠습니다.

개인의 문제에서 사회 문제로

시대가 변하고, 가치관이 변하는 가운데 의존증이라는 병을 대하는 방식 역시 변하고 있습니다. 의존증이라는 이름까지도 바뀔 가능성이 있지요. 실제로 미국 의학계는 이미 약물의존에 대해 '의존'이라는 단어 대신 '물질 사용 장애Substance Use Disorder'라고 부르고 있습니다.

의존이라는 단어는 '의존성이 있는 물질을 반복해서 섭취하면 내성이 생기므로 같은 효과를 얻기 위해 필요한 양이 점점 늘어나고, 갑자기 끊으면 금단 증상이 일어나는 현상'을 가리킵니다. 다만 이는 동물 실험으로 밝혀진 것에 불과합니다. 이것만으로는 설명되지 않는 부분이 있습니다.

예를 들어 암세포가 일으키는 극심한 통증을 가라앉히기 위해 의료용 마약을 사용할 때가 있습니다. 하지만 암 환자가 의존증에 빠져 병원에서 마약을 훔치거나 판매상에게 불법으로 마약을 샀다는 이야기는 들어 본 적이 없습니다. 의료용 마약은 증상에 따라서는 상당한 양을 일정 기간 지속적으로 사용합니다. 그 때문에 내성이 생기고 양도 늘어납니다. 하지만 의료용 마약을 사용하는 환자에게 의존증이라고 말하지는 않습니다. 아토피성 피부 질환 등의 치료에 쓰이는 스테로이드 역시 계속 사용하면 내성이 생기는 약 가운데 하나입니다. 먹는 약으로 지속해서 복용한 경우, 갑자기 끊기는 어렵고 천천히 조금씩 양을 줄여야 합니다. 그러나 이 약을 사용하는 환자가 의존증 취급을 받는 경우는 없습니다.

　제3장에서 언급했듯이, 의존증은 뇌의 구조와 관련되어 있으므로 뇌의 구조에 대한 이해가 필요한 것은 사실입니다. 그런데 복잡한 사회에 사는 우리 인간이 그것만으로 모두 설명될 만큼 단순할까요? 저는 그렇게 생각하지 않습니다. 뇌의 구조를 설명하는 것만으로는 의존증이라는 병의 핵심에 이르지 못합니다. 비뚤어진 인간관계에서 입은 마음의 상처를 그대로 방치한 채 약물 혹은 특정 행위를 임시방편 삼아 살다 보면 언젠가 통제할 수 없게 되어 생활이 파탄 나고 맙니다. 이것이 의존증입니다. 즉 의존증이라는 병은 우리가 어떤 인간관계를 구축하고, 어떤 사회를 만들어 가느냐 하는 문제와

직결되어 있다고 보아야 합니다.

저는 의존증이 이 세상에서 사라지는 일은 없을 거라고 생각합니다. 절망적인 상황이라는 의미가 아니라 어느 시대에 살든 인간은 무언가 기댈 것을 필요로 한다는 뜻입니다.

귀찮은 단순 반복 작업을 해야 할 때, 옛날에 들은 노래를 자기도 모르는 사이에 부른 적이 있지 않나요? 수업이 지루할 때 필기하는 척하면서 낙서하거나 별 이유 없이 도형을 색칠하기도 하지요. 공감하는 사람이 많을 겁니다. 인간은 스트레스를 느끼는 상황에 놓였을 때 이를 극복하기 위해 마음을 달래도록 되어 있습니다. 그리고 선조들은 그렇게 마음을 달래는 데 안성맞춤인 것을 발견했습니다. 바로 알코올과 카페인을 비롯한 약물입니다. 얼마 지나지 않아 사회가 복잡해지면서 그것을 남용하는 사람이 나왔지만, 무언가로 마음을 달래는 행위에는 우리 인간의 지혜가 담겨 있습니다.

한번 생각해 보세요. 의존증으로 문제 되는 것과 아닌 것의 경계는 어디에 있을까요? 오늘날 의존성 물질로 취급되는 담배는 원래 의식이나 치료에 사용되던 것이었습니다. 많은 사람이 일상적으로 즐기는 알코올이 불법이던 시대도 있었습니다. 마약이 불법인 나라가 있는가 하면 합법인 나라도 있습니다. 게임 의존은 문제가 되지만 책은 아무리 많이 읽어도 문제가 되지 않는 이유는 무엇일까요? 솔직히 말하면 그 시대의 어른들 마음에 들지 않는 것에 의존이라는 이름을 붙이고 내치는 것 같기도 합니다. 하루에 열 시간 넘게 공부하고, 공부 이외의 일은 소홀히 한다고 해도 '공부 의존'이라고는 하지 않지요. 1980년대에 그토록 많던 시너 의존은 비행 청소년 문화의 쇠퇴와 함께 급격히 줄어들었습니다. 인터넷이 생기면 인터넷 의존이 생기고, 스마트폰이 침투하면 스마트폰 의존이 문제가 됩니다.

결국 '○○ 의존'이라는 이름을 붙여서 문제 삼는 일은 어느 사회, 어느 시대에서든 비슷한지도 모릅니다. 어떤 의존증이 없어지면 다른 의존증이 생깁니다. 그렇다면 무엇에 의존하고 있느냐보다 그 근본에 있는 삶의 어려움에 눈을 돌리고, 이를 만들어 내는 사회 구조에 의문을 품어야 하지 않을까요?

이번 생은 쉽게 망하지 않아

불법 약물을 사용하는 것을 '피해자 없는 범죄'라고 표현하는 경우가 있습니다. 그렇다면 의존증 때문에 상처받는 사람은 없을까요? 그렇지 않습니다. 의존증 환자의 가족은 틀림없이 무척 힘들 겁니다. 의존증 환자가 학생이라면 선생님이나 친구에게 피해를 줄지도 모릅니다. 일하는 사람은 일에 영향을 주어 주위 사람들을 곤란하게 만들 겁니다. 하지만 가장 상처받는 사람은 의존증에 빠진 본인이 아닐까요? 그들은 애초에 비뚤어진 인간관계 속에서 고통받으며 마음에 상처를 받았으니까요. 게다가 의존증으로 건강을 해치고 생활이 무너지고, 때에 따라서는 차별까지 받습니다. 불법 약물의 경우는 더 심한 차별이나 편견에 내몰립니다. 다른 사람과의 관계가 끊기고 고립되는 바람에 의존증에 빠졌는데, 의존증에 빠졌다는 이유로 점점 더 고립이 심해지고 회복으로부터 멀어집니다.

이런 악순환을 줄이려면 근본적인 문제와 마주해야 합니다. 학대나 따돌림을 없애는 것은 물론이고 빈곤과 실업, 지나친 입시 전쟁, 저출산 등의 문제도 해결해야겠지요. 그러려면 빈곤 가정을 돕거나 경제적 격차를 바로잡는 등 사회 구조부터 재검토해야 하지 않을까요?

그렇게 모든 궁리를 거듭하는 한편으로, 마음을 위로하는 도구인 약물과 게임, 도박 등을 없앨 게 아니라 잘 다뤄야 합니다. 그런 사회가 되었으면 좋겠습니다. 물론 정도를 넘어 남용하는 사람이 전혀 없지는 않을 겁니다. 아무리 좋은 사회가 된다 해도 그건 어렵겠지요. 그렇다면 그런 사람이 나올 것을 예상하고 사회를 만들어 나가면 됩니다. 그런 사람을 떨어뜨려 놓고, 창피를 주고, 배제해야 할까요? 그렇지 않으면 마음의 아픔을 알아주고, 회복을 지원하고, 다시 한번 받아 주어야 할까요? 저는 후자 같은 사회가 아니면 의존증에 걸린 사람뿐 아니라 모두가 행복해질 수 없다고 생각합니다.

미국에서는 알코올 의존증이나 약물 의존증에서 회복해 사회에 복귀한 사람이 다른 이들에게 존경받습니다. 유명 배우나 음악가가 의존증에서 회복했음을 공표하고, 자조 그룹에도 적극적으로 참석합니다. 이러한 행동이 의존증에 대한 오해와 차별을 줄이고, 회복 중인 사람에게 용기를 불어넣습니다.

저는 일본과 한국에서도 의존증을 극복한 사람이 일반인과 접촉할 기회가 더 많았으면 좋겠습니다. 여러분도 꼭 그런 사람을 만나 보기를 바랍니다. 학교에서는 약물 남용 방지 교육을 하면서 '안 돼, 절대로!'라는 구호를 내걸고, 한 번이라도 약물에 손을 대면 인생이 끝장나는 것처럼 겁을 줍니다. 하지만 사실은 그렇지 않습니다. 그런 설명은 의존증과는 인연이 없는 아이에게 차별과 편견의 씨앗을 심어 줍니다. 그리고 자신이 의존증일까 봐 불안해하는 아이, 이미 의존증에 빠진 아이에게 깊은 상처를 줍니다.

의존증은 빠지지 않는 게 좋습니다. 그 이유는 이 책에서 반복해서 전달했습니다. 그러나 의존증에 빠졌다고 인생이 끝나는 것은 아닙니다. 사람은 누구나 실패할 때가 있습니다. 하지만 거기에서 다시 일어설 수도 있습니다. 그런 희망을 품을 수 있는 사회가 훨씬 좋지 않을까요?

있는 그대로의 자신을 용서해 줘도 돼

애초에 우리의 인생은 실패가 따라다니게 되어 있습니다. 뭐든 잘 풀리는 사람은 없지요. 여러분도 사람마다 정도는 다르겠지만 울고 싶을 만큼 분하거나, 사라지고 싶을 만큼 부끄러웠던 경험이 있을 겁니다. '이게 아닌데.', '달라지고 싶다.'는 생각을 할 때도 있겠지요. 하지만 그렇게 전전긍긍하며 살지 않아도 됩니다. 저는 오히려 여러분에게 '적당히' 살라고 말하고 싶습니다.

지금 10대 시기를 보내고 있는 여러분에게는 상상하기 어려운 일인지도 모르지만, 인생에서 10대만큼 힘든 시기는 없

습니다. 저는 솔직히 말해서 10대 시절로는 두 번 다시 돌아가고 싶지 않습니다. 주위 사람들과 비교하며 열등감을 느끼고, 실패할 때마다 상처받고, 잘나가는 친구들에게 질투를 느끼느라 무척 괴로웠으니까요. 운동을 못 하는 게 콤플렉스였고, 음악을 좋아했지만 손재주가 없어서 악기 연주에는 젬병이었습니다. 마음이 조금 편해진 것은 스무 살이 넘어서부터입니다. 이 무렵이 되어서야 못 하는 걸 잘하려고 하는 대신, 조금이라도 잘하는 걸 하면 그걸로 충분하다고 생각하게 되었습니다.

여러분도 부모님이나 선생님으로부터 "나중에 뭐가 되고 싶니?", "진로는 어떻게 할 거야?"라는 질문을 받을 때면 압박을 느낄 겁니다. "한 가지라도 열중할 수 있는 무언가가 있어야 한다."라는 말을 자주 듣지만, 그 한 가지를 찾지 못해서 답답할 때도 있겠지요. 그러나 무엇이 되고 싶은지, 무엇을 하고 싶은지는 아직 몰라도 괜찮습니다. "나는 ○○을 목표로 하고 있어.", "나는 반드시 ○○이 될 거야." 하며 단언하는 친구가 있어도 그냥 흘려들으세요. 꿈과 목표는 바뀌기 마련이니까요.

'자아 발견'이라는 단어가 근사하게 들리기도 하지만 제가 보기에는 건강한 말이 아닌 것 같습니다. 항상 삶의 의미를 추구하려는 것 역시 철학자라면 모를까, 우리 같은 평범한 사람들은 왠지 모르게 지치지요. 어른들도 사실은 나이를 꽤 먹을 때까지 '자기다움'이 뭔지 모르고 살아갑니다. 30대 정도가 되어서야 문득 '지금 하는 일이 나와 안 맞는구나!' 하고 깨닫거나 '내가 하고 싶은 일은 이런 게 아니었는데.' 하며 방향을 틀기도 합니다. 그러니 지금 여러분이 자신에 대해 잘 모르는 것은 당연한 일입니다.

사람은 누구나 '저 사람에게 인정받으면 뭔가가 변할 거야.', '저 아이처럼 예뻐지면 인생이 달라질 거야.' 하고 생각합니다. 어찌 보면 사람은 그렇게 생각함으로써 노력하기도 하지요. 하지만 누군가의 척도를 따른다고 해서 성공적인 인생을 살아갈 것이라는 보장은 없습니다.

경제적으로 여유가 있고 사회적인 지위가 있어도 마음이 채워지지 않아 의존증에 빠지는 사람이 많습니다. 훌륭한 가족이 있어도 본인의 인간관계가 비뚤어져 있으면 고통 속에 살게 됩니다. 생각지도 못한 일로 하루아침에 유명 인사가 되는 사람도 가끔은 있지만, 그들은 한순간에 바닥으로 곤두박질칠 위험을 동시에 안고 있습니다. 극단적인 성공의 뒷면에는 극단적인 실패가 숨어 있는 것이지요. 어쩌면 진정한 성공은 평범한 나날을 '뭐, 그럭저럭 행복한 듯?' 하고 받아들일 수 있는 것인지도 모릅니다.

저는 여러분이 여러분 안에 있는, 아직 몽실몽실한 마음을 소중히 여겼으면 좋겠습니다. '좀 잘하는 것 같은데?', '어렵지 않네.' 하는 일이 있다면 파고들어도 좋습니다. 반대로 '이건 잘하지 못하겠고 힘들다.'고 생각되는 일은 무리하게 쫓아가지 않아도 괜찮습니다. '이것도 좋고, 저것도 좋은데.' 하고 고민될 때는 둘 다 해 보면 됩니다. 얼마든지 두 다리, 세 다리를 걸쳐도 좋습니다. 제한 시간을 두고 장래에 할 일을 한 가지로 줄이는 것은 그다지 좋은 방법이 아닙니다. 앞으로의 인생을 꿋꿋하게 살아 내려면 여기저기 보험을 들어 놓아야 합니다.

자신이 어떤 사람이든 지금 그대로, 있는 그대로를 받아들이세요. 어깨를 바짝 추켜올리고 이를 악물고 있다면 조금 힘을 빼도 괜찮습니다. 주변에 스며들지 못해서 불편해도 초조해할 필요는 없습니다. 소수자만이 가질 수 있는 남다른 시선과 생각이 나중에 자신의 장점이 될 테니까요. 하고 싶은 것, 좋아하는 것을 찾지 못해서 답답하다면 책이나 만화, 만화 영화, 인터넷, 게임을 이용해서 다양한 간접 경험을 해 보면 어떨까요? 정보를 수집하다 보면 언젠가 느낌이 올 겁니다. 자신을 용서할 수 있으면 다른 사람도 용서할 수 있게 됩니다. 그런 여러분이 만드는 미래는 분명 지금보다 편안하고 살기 쉬워질 겁니다. 저는 여러분을 믿습니다.

마음의 전문가가 되려면

Q **도시히코 선생님처럼 되고 싶습니다.**

도시히코 선생님의 책을 읽고, 도시히코 선생님이 하시는 일을 해 보고 싶어졌습니다. 친구와 이야기할 때도 다들 왜 그렇게 생각했는지 추측해 보는 과정이 즐겁습니다. '마음'이 무엇인지 아직은 잘 모르겠지만 더 알고 싶습니다. 어떻게 하면 도시히코 선생님처럼 될 수 있을까요?

리코타 대학 중등부 3학년 네즈하

A **길은 하나만 있는 게 아닙니다.**

저처럼 되는 게 좋은지 아닌지를 떠나 저는 개인적으로 지금의 일을 하게 되어 다행이라고 생각합니다. 제가 정신과 의사가 된 이유는 역사를 좋아했기 때문입니다. 정신과 의사로서 환자의 이야기를 듣는 일이 저한테는 그 사람의 전기를 읽는 것처럼 느껴지고, 그 사람만의 역사를 탐구하는 듯한 느낌이 들거든요.

나라마다 차이는 있지만 의사가 되기 위해서는 통상적으로 의과 대학 또는 의학 전문 대학원에서 공부해야 합니다. 이후 국가 고시를 통과하면 의사 면허를 받게 되지요. 그 뒤에 소정의 기간 동안 수련의(인턴)와 전공의(레지던트)로 수련하면 전문의 자격을 얻는데, 그러면 비로소 의사로서 독립할 수 있습니다. 정신과 의사로 적합한 사람은 어떤 일을 선악으로 단정 짓지 않는 사람인 것 같습니다. 세상 모두가 누군가를 나쁘다고 여겨도 '어떤 사정이 있지 않을까?' 하고 생각해 볼 줄 아는 사람이면 좋겠습니다. 다른 사람이 '왜 그렇게 생각했을까?' 하고 고민할 줄 아는 네즈하 학생은 적성에 맞을지도 모르겠네요.

마음과 관련된 일을 하는 직업은 정신과 의사 말고도 다양합니다. 예를 들어 임상 심리사는 학교나 병원에서 상담하거나, 소년원이나 교도소에서 심리 검사나 심리 요법을 시행하는 사람입니다. 대학의 문과 계열 학부에서 공부합니다. 정신 건강 전문 요원은 마음의 문제뿐 아니라 생활 전반까지 지원하는 사람입니다. 복지 계열 학부를 졸업한 사람이 많지요.

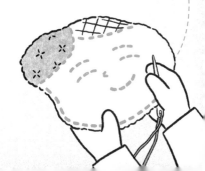

너에게 보내는 메시지

이 책은 10대 독자를 위한 것입니다. 저는
의존증에 어떤 형태로든 관심이 있는 중학생을
떠올리며 '여러분'이라고 불렀습니다. 하지만
그중에는 '나는 의존증일지도 모른다.' 하고
불안해하거나 '친구가 의존증일지도 모른다.' 하고
걱정하는 학생도 있을 겁니다. 또 중학생 자녀를
둔 부모님이나 중학교 선생님이 읽고 있을지도
모릅니다. 그래서 마지막으로 각각의 입장에 있는
사람을 위한 메시지를 남기려고 합니다.

지금 마음이 매우 불안할 겁니다. 부디 혼자 떠안지 말고 신뢰할 수 있는 어른과 상담하세요. 우선은 안심할 수 있는 사람에게 말하는 것이 중요합니다.

누구에게 말해야 좋을지가 제일 고민되겠지요. 부모님이나 형제 등 주변에 말할 만한 사람이 있나요? 무조건 부정당할 것 같다거나 상대방이 당황해서 야단법석을 떨 것 같다면 다른 어른을 중간에 세우는 편이 좋을지도 모릅니다.

학교 선생님과 좋은 관계를 쌓아 놨다면 선생님에게 말하는 것도 좋습니다. 하지만 그 선생님이 의존증에 관한 올바른 지식을 가지고 있을지는 알 수 없습니다. 그 점에서 보건실 선생님이라면 지식을 가지고 있을 가능성이 높습니다. 항상 누구에게나 변함없는 태도를 보이는 사람이면 좋을 것 같습니다. 아주 드물게 근성을 들먹이는 사람도 있는데, 그런 사람과 상담하는 것은 피하세요. 저는 학교 상담 선생님을 추천합니다. 마음의 전문가이니 틀림없이 이야기를 열심히 들어줄 겁니다.

참고로 학교 상담 선생님의 상관은 교장 선생님입니다. 그 때문에 이야기한 내용이 교장 선생님이나 담임 선생님에게 전달될지도 모릅니다. 그리고 부모님에게도 연락이 갈 겁니다. 부모님에게 알리고 싶지 않은 경우도 있을지 모르지만, 말이 통하는 어른이 중간에 끼어 있으면 느닷없이 부정당하거나 자신이 중독된 무언가를 갑자기 끊게 하는 일은 피할 수 있을 겁니다.

어떤 어른이 믿을 수 있는 사람인지 모를 때는 한 번에 모두 털어놓지 말고, 사소한 상담인 척하면서 분위기를 살펴보세요. 그리고 이 사람이라면 괜찮을 것 같다는 확신이 들었을 때 진짜 고민을 털어놓는 게 좋습니다. '마음 톡톡 상담실 | 신뢰할 수 있는 어른을 구분하는 방법'(68~69쪽)에 핵심 내용을 적어 놓았으니 참고하세요.

만약 본인이 불법 약물을 사용하고 있다면 상담 상대는 더욱 신중하게 골라야 합니다. 앞에서 말한 것처럼 학교 상담 선생님은 상담 내용을 교장 선생님이나 담임 선생님께 보고할 겁니다. 그 과정에서 누군가가 경찰에 알리지 않으리라는 법은 없습니다.

의지가 되는 곳은 자신이 살고 있는 지역의 '정신건강복지센터' 입니다. 이 책 마지막에 '도움받을 수 있는 상담처 목록'(259쪽)을 실었습니다. 익숙하지 않을 테고, 연락하는 데 용기가 필요하겠지만 상담을 신청하면 흔쾌히 응해 줄 겁니다. 건강보험증을 보여 줄 필요도 없고, 돈도 들지 않습니다. 부모님에게 언제 어떤 식으로 말해야 좋을지 망설여지겠지요. 전문가가 가족과 여러분 사이에 개입해 구체적인 해결책을 제시하고, 함께 생각하는 든든한 아군이 되어 줄 겁니다.

의존증인지 아닌지 구분하는 일은 생각보다 그렇게 간단한 문제가 아닙니다. 따라서 조금이라도 걱정된다면 빨리 상담을 받읍시다.

약물이든 게임이든 섭식 장애든 자해든 갑자기 끊기란 어려울 겁니다. 상담을 받으면서 본인이 본래 빠졌던 것을 계속 사용하는 시기가 한동안 이어지겠지요. 그때 가능한 한 건강을 해치지 않도록 유의해야 합니다. 학교 상담 선생님이나 정신 건강 전문 요원에게 전문적인 치료를 권유받으면 병원도 다닙시다. 회복하는 데 시간이 걸리겠지만 분명 좋아질 수 있습니다. 초조해하지 말고 천천히 도움을 주는 사람들과 관계를 이어 갑시다.

친구가 의존증일지도 모르는 너에게

친구가 곤란해하는 것 같으면 부디 말을 걸어 주기 바랍니다. 이 책에서 반복하여 이야기했지만, 여러분의 한마디 한마디가 매우 소중합니다.

너무 심각하게 생각하지 말고 가급적이면 다른 아이가 듣지 않는 곳에서 "뭐 힘든 일 없어?" 하고 가만히 물어보세요. 기껏 용기를 내어 물어봤는데 내버려 두라는 차가운 대답이 돌아와 기분이 상할 수도 있습니다. 본래 의존증에 빠지는 사람은 스스로 도움을 요청하는 일에 서툽니다. 처음의 거절은 진심이 아닐 가능성이 있지요. '사람들에게 폐를 끼치면 안 된다.'라거나 '사실을 알면 날 피할 것이다.'라고 생각할 가능성도 있습니다. 기회를 봐서 계속 말을 걸어 보면 어떨까요? "너랑은 상관없는 일이야."라고 말한다면 "친구로서 걱정되어 그래." 하고 솔직하게 여러분의 마음을 전달하는 게 좋을 것 같습니다.

약을 남용하고 있다거나 자해하고 있다는 사실을 밝히더라도 "왜 그런 짓을 한 거야?" 하고 나무라거나 "그런 짓을 하면 안 돼!" 하며 부정하지 말고 "그랬구나." 하고 들어주세요. 본인은 용기를 쥐어짜서 털어놨을 테니까요. "솔직하게 말해 줘서 고마워."라고 말하면 친구는 안심할 겁니다.

안타까운 일이지만 의존증 문제는 중학생의 힘만으로 해결하기 어렵습니다. 본인들의 힘으로 어떻게 해 보려 하지 말고 신뢰할 수 있는 어른과 연결해 주는 게 좋습니다. 보건실 선생님이나 학교 상담 선생님을 추천하는데, 친구 혼자 가는 것이 부담스러울지도 모릅니다. 그럴 때는 함께 따라가 주면 든든하겠지요. 다만 '의존증일지도 모르는 너에게'에서 말한 것처럼 상담할 어른은 신중하게 골라야 합니다. 미리 알아보는 것도 좋은 방법입니다. 누구인지는 밝히지 않고 "이런 친구가 있어서 걱정인데 어떻게 생각하시나요?"라고 슬쩍 운을 뗀 다음, 상대방이 어떻게 나오는지 살피는 것이지요. 갑자기 혼을 내거나 설교하는 사람이라면 연결해 봤자 역효과를 낼 겁니다. 이때는 다른 사람을 찾읍시다.

신뢰할 수 있는 어른과 연결했다면 뒷일은 맡겨 둡시다. 여러분은 지금까지 그랬던 것처럼 친구로서 수다를 떨거나 함께 어울리면 됩니다. 무슨 일이 있어도 변함없는 태도로 대해 주는 친구의 존재는 틀림없이 큰 의지가 될 겁니다.

아이가 의존증일지도 모르는 부모님에게

매우 염려스럽겠지요. 이런 고민은 친한 친구에게도 말하기 어려울 겁니다. 말하고 나면 앞에서는 "어쩜 좋니." 하고 동정하면서도 보이지 않는 곳에선 "그 집 아이가 말이지……." 하며 소문을 낼지도 모르니까요. 타인의 불행은 달콤하다고들 하는데, 그렇게 의도치 않은 형태로 소비될 위험이 있습니다. 친척 가운데 신뢰할 만한 사람이 있나요? 이것도 신중하게 하지 않으면 "부모가 자식 교육을 잘못했다."는 둥 제멋대로 말하는 사람이 있기 때문에 조심해야 합니다.

누구에게도 털어놓지 못한 채 가슴속에 담아 두고 있으면 불안은 점점 커집니다. 부디 그 불안이 아이에게 향하지 않도록 신경을 쓰시기 바랍니다. 약을 사용하는지 24시간 감시하거나, 갑자기 게임을 금지하거나, 더 이상 자해하지 않겠다는 약속을 받아 내는 등의 대응은 당신과 아이의 관계를 교착 상태에 빠뜨립니다. 그렇게 되면 아이는 숨어서 하려고 하거나 폭력을 쓰거나 집을 나가려 할지도 모릅니다. 심지어 죽고 싶다고 생각할 가능성도 있습니다.

생명의 소중함에 대해 설교를 늘어놓거나, 지나치게 오냐오냐하거나, 용돈이나 물건으로 회유하는 것 역시 별 의미가 없습니다. 단기적으로는 효과를 볼 수 있을지 몰라도 장기적으로는 문제를 악화시킬 뿐이니까요.

혹시 부모님이 누구에게도 상담하지 못하고 고립된 건 아닌가요? 곤란할 때는 신뢰할 만한 사람과 연결되어 있어야 합니다. 정신건강복지센터에서는 가족의 상담을 접수하고 있습니다. '어떤 말을 하면 좋고, 어떤 대응을 해서는 안 되는지'를 자세히 가르쳐 줄 겁니다. 가족을 위한 공부 모임에 참가하는 것도 도움이 되겠지요. 그곳에서는 다양한 회복 지원 정보도 얻을 수 있습니다. 중요한 것은 침착하고 냉정하게 대응하는 일입니다. 상담할 수 있는 사람을 두고, 대응책을 알면 조금은 안심할 수 있겠지요.

정신과 치료가 필요할 경우에는 자녀 본인이 직접 가야 합니다. 하지만 자녀가 이를 받아들이지 않을 수도 있겠지요. 그럴 때 억지로 끌고 가지 마세요. 어느 정도의 기간 동안 정신건강복지센터에서 상담하며 대응하다 보면 본인이 허락할 때가 찾아올 겁니다. 그때 정신과를 찾으면 됩니다. 이러한 흐름을 타는 경우는 의존증 치료 과정에서는 드문 일이 아닙니다.

의존증은 대부분 본인이 아닌 가족의 상담이 계기가 되어 치료가 시작됩니다. 아이가 회복을 위한 첫발을 내디딜 수 있도록 책 뒷부분에 실은 '도움받을 수 있는 상담처 목록' 등을 활용하여 적합한 상담처에 연락하시기 바랍니다.

학생이 의존증일지도 모르는 선생님에게

학생이 의존증에 관해 상담을 요청하면 일단은 아이의 이야기를 차분하게 들어주시기 바랍니다. 부정하거나 질책하지 말고 그저 가만히 들어주는 것이 좋습니다. 선생님은 교육 전문가이기는 하지만 정신 건강 전문가는 아니니까요. 따라서 무언가를 판단하거나 해결책을 짜낼 필요는 없습니다. "어리광 부리지 말고 더 노력해 봐." 하며 근성이 부족하다고 들먹이거나, "너의 주눅 든 생각 탓이야." 하고 일방적으로 단정하지 마시기 바랍니다. 뭔가 곤란한 사정이 있지 않을까 생각하며 귀를 기울여 주는 것만으로도 충분합니다. 용기를 내서 상담했는데 선생님이 이해해 주지 않아 상처받는 아이가 많습니다.

한편으로 선생님이 이야기를 들어준 덕분에 도움을 받는 아이도 많습니다. 그 아이들은 선생님이 함께해 준 것에 감사하고 있습니다. 어떤 행동을 하거나 구체적인 조언을 해 주는 것만이 지원이 아닙니다. 몇 번이든 귀를 기울이고, 시간을 공유하고, 함께 고민하는 것 역시 중요한 지원입니다.

의존증 회복에는 시간이 걸립니다. 그 때문에 중학교 시절 내내 이야기를 들어준다고 해도 졸업할 때까지 효과가 없는 경우도 많을 겁니다. 결과가 눈에 보이지 않으면 이야기를 들어줘 봤자 무슨 의미가 있을까 싶은 생각이 들지도 모릅니다. 하지만 졸업하고 몇 년이 지나 회복했을 때 '그때 선생님이 함께 고민해 준 덕분에 지금의 내가 존재한다.'고 생각하는 아이도 있습니다.

계속해서 문제를 일으켜 선생님을 난처하게 해도 그것은 치료의 관점에서 볼 때 결코 나쁜 상황이 아닙니다. 학교에서 수많은 문제 행동을 해서 선생님을 애먹이고, 결국 정신과에 가게 된 아이가 있는데 그런 아이들의 치료는 의외로 순조롭습니다. 선생님이 애써 준 덕에 세상에는 조금이라도 믿을 수 있는 사람이 있다는 사실을 배

웠기 때문입니다.

이런 아이보다는 마음에 아픔을 안고 있으면서도 자기 마음에 뚜껑을 덮고 있는 아이가 더 걱정입니다. 중고등학교 시절에는 손이 안 가는 모범생인 척하며 지내다가, 서른을 넘길 무렵에 심각한 약물 의존이나 섭식 장애 등을 한꺼번에 일으킬 수 있기 때문입니다. 이런 경우는 회복하기까지 많은 시간과 노력이 필요합니다.

학생들이 일으키는 성가신 일에 일일이 대응하는 게 정말 힘들겠지요. 이리저리 휘둘리거나 지쳐 나가떨어질 때도 있을 겁니다. 그런데 지금 안고 있는 문제를 10대 때 분출시키는 것은 아이의 장래를 위해 매우 의미 있는 일입니다.

의존증의 회복 지원은 팀으로 대응해야 합니다. 부디 선생님 혼자서만 문제를 떠안지 마시기 바랍니다. 열심인 선생님일수록 한밤중에도 전화나 문자 메시지에 답해 주는 등 세심하게 대응합니다. 그러나 대응이 지나치면 선생님 본인의 생활이 파탄 나고 몸도 망가집니다. 선생님에게 기대고 있는 아이 입장에서 볼 때는 선생님이 쓰러지면 간신히 매달린 지푸라기가 끊어지는 것이나 마찬가지입니다. 그렇게 되지 않도록 보건 선생님이나 상담 선생님 등과 함께 여유 있는 체계를 만들어 힘들어하고 있는 아이에게 팀으로 도움을 주시기를 바랍니다.

나가며

'절대로 안 돼!'가 아닌 진짜 의존증 교육

저는 항상 '절대로 안 된다'는 말을 하지 말라고 주장해 왔습니다. 이유는 여러 가지이지만 그중 하나만 든다면 이 말은 어른이 아이를 억누를 때 사용하는 말이기 때문입니다.

안 된다는 말을 들으면 반발심에 오히려 하고 싶어질 때가 있지 않나요? 적어도 제가 만나 본 젊은 의존증 환자들은 그랬습니다. 그들 대부분은 이미 가까운 사람에게 실망했고, 특히 어른의 말을 신뢰하지 않았습니다.

처음부터 안 된다고 하면 이야기는 거기서 끝납니다. 약물 때문에 힘들더라도 상담은 절대로 할 수 없습니다. 솔직하게 고백하면 혼이 날 테니까요.

"어째서 너는 부모님과 친구들을 속이고, 자기 미래를 희생하면서까지 약물에 손을 댄 거냐."

"친구가 약물을 권했을 때 거절하지 못한 너도 잘못이다."

잘못을 저지른 사람을 꾸짖기 전에 우선은 그 배경을 살펴보았으면 좋겠습니다. 처음으로 불법 약물을 사용하는 상황은 보통 그 사람이 인생에 절망한 나머지 자포자기하거나, 사람과의 관계에 굶주릴 만큼 외롭거나, 없는 자신감을 메우기 위해 '남과는 다른 무언가'를 필요로 하게 된 때입니다.

앞서 말했던 것처럼 의사가 처방해 주는 약이나 약국에서 살 수 있는 약도 사용 방법에 따라 위험할 수 있습니다. 약품에 의존하는 환자 대부분은 누구에게도 말하지 못하는 괴로운 마음을 숨기려는 생각에 약물을 시작합니다. 그런 의미에서는 혼자 애쓰는 노력가라는 면도 있지요.

여러분에게 부탁이 있습니다. 약물에 손을 댄 아이를 '위험한 친구'라고 단정하여 따돌리지 말고 "뭐 힘든 일 있어?" 하고 말을 걸어서 해결책이 있다는 사실을 알려 줬으면 좋겠습니다. 가능하면 그 아이가 약물에 손을 대기 전에—분명 교실에서 고립되고, 어딘가에 숨어서 몸에 상처를 내는 등의 행동을 하고 있을 겁니다—말을 걸어 주고 신뢰할 수 있는 어른과 연결해 주었으면 합니다.

'문제를 일으키는 아이는 문제에 빠진 아이인지도 모른다.'

이렇게 생각하는 사람이 늘어날수록 세상은 더 살기 좋아질 겁니다. 그런 생각에서 이 책을 쓰기로 결심했습니다.

이 책에는 '절대로 안 돼 교육'에는 없는 진짜 의존증 예방 교육이 실려 있습니다. 약이라는 '물질'이 아니라 약을 사용하는 사람의 '마음'에 주목한 교육 철학이 농축되어 있습니다.

끝으로 이 책을 만들 기회를 주신 가와데쇼보신샤의 다카노 마유코 씨, 저의 두서없는 이야기를 명쾌한 문장으로 정리해 주신 나가오카 아야 씨, 그리고 멋진 삽화를 그려 주신 나오야 하타 씨에게 진심으로 감사의 말씀을 드립니다.

모쪼록 이 책을 많은 10대와 10대를 지원하는 어른이 읽었으면 하는 바람입니다.

늦은 밤 연구실에서

마쓰모토 도시히코

도움받을 수 있는 상담처 목록

보건복지부 정신건강 복지센터	www.mohw.go.kr	1577-0199	전국에는 260곳의 정신건강복지센터가 있고, 어디에서든 전화를 걸면 자기와 가장 가까운 센터로 연결됩니다. 정신 건강 문제로 고민하는 누구나 여기에서 상담과 지지를 받고, 관련 정보를 얻을 수 있어요.
여성가족부 청소년 상담복지센터	www.kyci.or.kr (한국청소년 상담복지개발원) www.cyber1388.kr (청소년사이버상담센터)	1388	전국에는 240곳의 청소년상담복지센터가 있습니다. 청소년을 위해 365일 24시간 청소년상담1388 전화를 운영하고 있어요.
교육부 위 (Wee)	www.wee.go.kr		전국에는 8000여 곳의 위 클래스와 200여 곳의 위 센터가 있습니다. 위 프로젝트는 학생들의 건강하고 행복한 학교생활을 지원해요.
한국지능정보 사회진흥원 스마트쉼센터	www.iapc.or.kr	1599-0075	전국에는 18곳의 스마트쉼센터가 있고, 인터넷·스마트폰 과의존으로 어려움을 겪는 누구나 여기에서 상담을 받을 수 있어요.
서울특별시 인터넷중독 예방상담센터 (아이윌센터)	www.iwill.or.kr	1899-1822	서울에는 6곳의 아이윌센터가 있고, 청소년의 건강한 인터넷·스마트폰 사용을 돕고 있어요.
문화체육관광부 한국도박문제 예방치유원	www.kcgp.or.kr	1336	전국에는 15곳의 도박문제센터가 있습니다. 도박문제로 어려움을 겪고 있는 당사자는 물론 가족·지인도 상담을 받을 수 있어요.

어느 날 내가 중독에 빠진다면

힘든 십 대를 위한 의존증 극복 수업

초판 1쇄 펴낸날 2023년 3월 20일
초판 2쇄 펴낸날 2023년 10월 23일

지은이 마쓰모토 도시히코
그린이 배누
감수 김현수
펴낸이 홍지연

편집 홍소연 고영완 이태화 전희선 조어진 이수진 차소영 서경민
디자인 권수아 박태연 박해연 정든해
마케팅 강점원 최은 신종연 김신애
경영지원 정상희 여주현

펴낸곳 ㈜우리학교
출판등록 제313-2009-26호(2009년 1월 5일)
주소 04029 서울시 마포구 동교로12안길 8
전화 02-6012-6094
팩스 02-6012-6092
홈페이지 www.woorischool.co.kr
이메일 woorischool@naver.com

ⓒ마쓰모토 도시히코, 2021
ISBN 979-11-6755-094-1 43180

만든 사람들
편집 서경민
교정 백상열
디자인 박태연